הגדה של פסח
Пасхальная Агада
Комментированное Издание

С переводом на русский язык

Издательство
Меркоз ле-иньоней хинух
MERKOS L'INYONEI CHINUCH
770 Eastern Parkway, Brooklyn, New York 11213
5775 • 2015

Пасхальная Агада
издание с комментариями
Copyright © 2013
Second Printing—February 2015
by
Merkos L'Inyonei Chinuch
770 Eastern Parkway / Brooklyn, New York 11213
(718) 774-4000 / FAX (718) 774-2718
editor@kehot.com

Отдел заказов
291 Kingston Avenue / Brooklyn, New York 11213
(718) 778-0226 / FAX (718) 778-4148
www.kehot.com

ISBN: 978-0-8266-0643-3

Printed in the United States of America
Напечатано в United States of America

Оглавление

Предисловие 5

Введение

Песах: его вневременное значение 7

Терминология и меры седера 11

Подготовка к Песаху

Поиски квасного (хамеца) 16

Уничтожение квасного 17

Порядок пасхального жертвоприношения 17

Эрув тавшилин («смешивание блюд») 20

Благословения при зажигании свечей 20

Гимны вечера пятницы 21

Седер

Структура Агады 24

Порядок проведения пасхального седера 25

Агада 26

Приложения

Ма ништана: традиционное переложение на идиш . . . 62

Глоссарий 63

Избранные транслитерации 66

Пасхальное послание Любавичского Ребе 69

Предисловие

С благодарностью Всевышнему мы рады представить настоящее издание – Пасхальную Агаду с комментариями, составленными на основе трудов рабби Шнеура-Залмана из Ляд.

В этой Агаде к каждой части *седера* даются четкие последовательные указания. Эти указания, основанные на комментарии к Агаде Любавичского Ребе, рабби Менахема-Мендла Шнеерсона, благословенной памяти, помогут каждому участнику разобраться в непростом по своему содержанию и структуре *седере*. Указания рабби Шнеура-Залмана приводятся также и в тексте на иврите*.

Для большего удобства читателя мы расположили тексты на иврите и по-русски наиболее четким и понятным образом. Транслитерации некоторых текстов Агады приводятся в конце книги.

Глава «Терминология и меры *седера*» содержит крайне важную информацию, поэтому желательно познакомится с ней до проведения *седера*.

Мы надеемся, что новое издание Пасхальной Агады поможет глубже понять и прочувствовать праздник Избавления нашего, которое служит прелюдией к грядущем Совершенным Избавлением во времена Машиаха, да придет он вскоре, в наши дни!

Меркоз ле-иньоней хинух

Новомесячье *нисана* 5765 (2005) года

---

* Иногда они отличаются от указаний по-русски, поскольку последние основываются на современных обычаях Хабада. Обсуждение этих различий см. в «Пасхальной Агаде с объяснением смыслов и обычаев» (Haggadah for Pesach with an Anthology of Reasons and Customs. Kehot, 2004).

Введение*

Песах: его вечное значение

Едва ли есть в нашем календаре день, столь насыщенный традициями, обычаями, историческим содержанием и символами, как *Песах*. Ведь во время *Песаха* мы отмечаем Исход из Египта, рождение нашего народа![1]

Нам предписано «помнить день исхода нашего из Земли Египетской все дни жизни нашей»[2]. В каждом поколении, каждый день, каждый еврей должен чувствовать себя так, как будто он сам вышел из Египта[3]. Этот опыт освобождения и свободы особенно живо ощущается в *Песах*, а тем более во время пасхального *седера*.

В ходе *седера* мы заново переживаем историю Исхода, описывая это событие во всех его деталях, вкушая мацу и *марор* (горькую зелень) так же, как это делали наши праотцы «в те дни, в это время». Мы протягиваем нить между нашим прошлым и нашим будущим, выполняя заповедь: «И скажи сыну твоему в тот день так: это ради того, что сделал со мною Господь при выходе моем из Египта»[4].

Во время *седера*, когда мы читаем Агаду, Песах воплощается в *пе сах* – «устах произносящих» историю

---

*) Перевод с английского.

1. См. *Йехезкель*, 16:4 и комментарии.

2. См. *Дварим*, 16:3. См. также *Брахот*, 12б (цитируется в Агаде, с. 30). См. также комментарий Раши на *Шмот*, 13:3; Рамбам, *Ѓилхот крият шма*, 1:3; *Шульхан арух ѓа-рав, Орах хаим*, 67:1.

3. *Псахим*, 116б (цитируется в Агаде, с. 40), *Танья*, гл. 47.

4. *Шмот*, 13:8 (цитируется в Агаде, с. 31).

Исхода[5], а маца из *лехем они* – «хлеба бедности» становится *лехем они* – «хлебом ответа», по поводу которого многое спрашивают, отвечают и обсуждают[6].

Наши мудрецы составили для нас Агаду, которая предлагает нам в эту удивительную ночь *седера* вспомнить, пересказать и оживить все детали исторического чуда Исхода: «И дабы рассказывал ты сыну твоему и сыну сына твоего о том, как наказывал Я египтян, и о знамениях Моих, которые я совершил в среде их, и познаете, что я – Бог!»[7]

Чтобы *седер* стал подлинным событием, недостаточно просто прочитать Агаду. Нужно понять и воспринять ее содержание; прочувствовать и пережить то, что происходит во время ритуала. «Каждый должен приложить усилия к тому, чтобы следовать указаниям мудрецов, которые сформулировали правила *седера* и составили Агаду. Это не должно казаться чем-то обыденным! Некоторые элементы и подробности *седера* могут показаться кому-нибудь несущественными, однако их все равно следует старательно соблюдать, поскольку среди них ничего лишнего!»[8]

Исходя из этого, предлагаемая Агада переведема с авторитетного издания, включенного в *сидур* Алтер Ребе, р. Шнеура-Залмана из Ляд.

Пояснения к переводу

1. Различные предписания, касающиеся *седера*, требуют знания определенных ѓалахических терминов и

---

5. Р. Хаим Виталь, *При эц хаим* («Плод древа жизни»), *Шаар хаг ѓа-мацот* («Глава о празднике опресноков»), гл. 7; *Шаар ѓа-каванот* («Врата интенций»), *Иньян ѓа-Песах* («Тема Песаха»), *друш* 3. См. также Хида, *Дваш ле-фи* («Мед для уст моих»), *Пэй*, параграф 6.

6. *Псахим*, 36а и 115б, по поводу *Дварим*, 16:3.

7. *Шмот*, 10:2.

8. *Сефер Маѓариль*, начало *Ѓилхот Ѓагада*.

количественных мер. Для удобства тех, кто будет пользоваться Агадой, в книгу включен раздел **Терминология и меры** *седера*, в котором содержится их перечень, а также ряд полезных рекомендаций[9].

2. Некоторые ивритские термины и выражения оставлены без перевода. В прилагаемом **Глоссарии** приводятся значения этих терминов и пояснения к ним.

~

Правильно соблюдать законы *Песаха* – прекрасно и по-настоящему вдохновляет, но достичь этого не так-то просто. Необходимо уничтожить все следы квасного (*хамец*), находящегося в нашем распоряжении, и предотвратить любые соприкосновения с ним. Необходимо особое усердие для того, чтобы сохранить ритуальную чистоту *Песаха* в течение всей пасхальной недели.

С другой стороны, «по тяжелому труду и награда»[10]. Особые старания и усердие, которые следует проявлять во время *Песаха*, отражаются на всем последующем годе. По словам Аризаля (р. Ицхака Лурии), тому, кто скрупулезно соблюдает законы *Песаха*, гарантирована защита от любого нечаянного прегрешения в течение всего года[11].

Так же как мы заново вспоминаем и переживаем наше избавление из Египта (*Мицраим*) в прошлом, да удостоимся мы вскоре избавиться от притеснений и ограничений (*мейцарим*) настоящего, чтобы полностью

---

9. Расчет мер, приводимый в этой книге, основан на *Шульхан арух*, *Орах хаим*, гл. 486 (количественные соответствия указаны по книге р. А. К. Наэ, *Кунтрес ѓа-шиурим: рвиит, кезайт и ахилат прас*) и по «Респонсам *Цемах цедек*» (*Кеѓот*, 1994), *Орах хаим*, № 108 (текст и примечания). Этот расчет проверил и одобрил покойный р. С. Дворкин, раввин Любавичской общины.

10. *Пиркей авот*, 5:21. См. *Зоѓар*, 3:278б.

11. *Дваш ле-фи*, см. *Хет*, гл. 18; *Беер ѓейтев*, *Орах хаим*, 447, прим. 1. См. *Зоѓар*, 3:282б; *Ликутей сихот*, 3, с. 945.

осуществились слова Писания: «Как в дни исхода твоего из Земли Египетской, явлю ему чудеса»[12].

Яаков-Эммануэль Шохет

---

12. *Миха*, 7:15.

Терминология и меры седера

Конкретные указания о порядке проведения *седера* приводятся в соответствующих местах Агады. Однако для того чтобы соблюсти требования, предъявляемые к ритуалу, важно заранее выяснить, чему равны талмудические меры объема и веса в современных системах измерений.

Четыре бокала вина

В течение седера все его участники, мужчины и женщины, должны выпить по четыре бокала вина. Минимальный объем бокала – *рвиит*[1] (букв. «четверть [*лога*]»), то есть около 100 миллилитров. Самое лучшее каждый раз выпивать по целому бокалу вина (3,5 унции, или 105 мл), однако если это невозможно, участник *седера* должен выпивать за один раз хотя бы полбокала. Лучше взять меньший бокал (объемом не меньше *рвиит*) и выпивать по целому бокалу, нежели брать больший бокал и выпивать его не полностью.

Карпас

Следует съесть *меньше*, чем *кезайт* (менее унции, ок. 26 граммов) *карпаса*.

Маца

В течение *седера* мацу едят три раза:

1. Первый раз – в начале трапезы, после благословения *hа-моци* и особого благословения на мацу. Первое вкушение

---

1. На самом деле *рвиит* соответствует (согласно расчету р. Наэ) 86 мл, и на это мнение можно полагаться на практике. Однако, в соответствии с общепринятым обычаем, в агаде указан бо́льший объем.

мацы является заповедью Торы (*де-орайта*), поэтому его выполняют особенно тщательно. Для первого вкушения необходим объем в два *кезейтим*: один *кезайт* от верхней мацы и один – от средней (преломленной) мацы. Однако заповедь Торы касается только одного *кезайт*, в то время как закон относительно второго является предписанием мудрецов (*де-рабанан*). На практике это означает следующее:

По весу:

Один *кезайт* мацы – это кусок весом около 25,6 г. Однако необходимо помнить, что, когда едят мацу, часть крошек падает, а часть остается между зубами и тоже не попадает в желудок; поэтому необходимо взять мацы немного больше установленного количества, чтобы быть уверенным, что съел целый *кезайт*.

По размеру:

Листы мацы машинного изготовления обычно имеют стандартную форму и вес (примерно 36 г). Маца ручного изготовления бывает разной формы и плотности. Однако в общем можно сказать, что средний лист мацы ручного изготовления имеет диаметр 25–28 см и весит около 66 г. Один *кезайт* мацы (немного меньше 26 г) – это кусок размером примерно 13 на 18 см.

Если трудно сразу съесть два *кезейтим* мацы такого размера, то в качестве второго *кезайт* (который заповедан, как мы уже сказали, *де-рабанан*) можно использовать кусок немного меньшего размера, а именно 17,3 г, примерно на треть меньше, чем первый *кезайт* (размером, соответственно, примерно 10 на 15 см).

2. Второй раз мацу используют для *кореха* – своеобразного сэндвича из мацы и *марора*. Это также является постановлением мудрецов (*де-рабанан*). Поэтому и в данном случае, если человеку трудно сразу съесть 26 г мацы, можно ограничиться двумя третями этого количества (примерно 17 г).

3. В третий раз, когда мацу едят в качестве *афикомана*, желательно съесть два *кезейтим*. Если это трудно, доста-

точно одного. Вкушение *афикомана* также установлено *де-рабанан*, поэтому тот, кому трудно съесть целый *кезайт*, может съесть только две трети этого количества (примерно 17 г).

Примечание. Во всех трех случаях необходимо съесть установленное количество мацы в течение 4–7 минут.

Марор

После разрушения Храма и прекращения пасхальных жертвоприношений есть горькую зелень заповедано только постановлением мудрецов (*де-рабанан*). Соответственно, можно ограничиться «меньшим *кезайтом*» – около 17 г.

Это касается вкушения как собственно *марора*, так и горькой зелени, которую используют для *кореха*.

В обоих случаях принято использовать и хрен, и листовой салат, чтобы вместе получился объем *кезайт*. Однако если в качестве *марора* используется только листовой салат, то, чтобы получить *кезайт*, следует взять немного большее количество – около 19 г.

Примечание. Вкушая как горькую зелень (*марор*), так и сэндвич-*корех*, установленное количество зелени необходимо съесть в течение 4–7 минут.

Рекомендации по проведению седера

Маца

На пасхальное блюдо кладут только три листа мацы; такие блюда обычно не ставят перед всеми участниками *седера*, но только перед ведущим. Это означает, что человек, проводящий *седер*, должен раздать прочим участникам установленное количество мацы из того, что лежит перед ним. Таким образом, очевидно, что трех листов мацы на всех присутствующих не хватит, а тем более их не хватит на *афикоман*, который сам по себе требует немного более половины листа мацы. Поэтому, когда дело дойдет до *моци*, *кореха* и *афикомана*, ведущему придется раздать по неболь-

шому кусочку мацы со своего пасхального блюда вместе с другой мацой, которую следует приготовить заранее.

Желательно запастись кусками мацы нужного размера еще до *седера* и положить их рядом с ведущим, чтобы в соответствующие моменты их можно было раздавать участникам вместе с небольшими кусочками мацы с пасхального блюда.

Зроа

В качестве *зроа* принято использовать кусочек куриной шейки. *Зроа* не принято есть, чтобы это не напоминало вкушение пасхальной жертвы. Поэтому лучше всего заранее снять со *зроа* почти все мясо.

Хазерет

Согласно наиболее распространенному обычаю, в качестве *хазерет* используют листовой салат. Некоторые подают на стол эндивий или белый листовой салат. Намереваясь использовать такого рода листья, особенно листовой салат, накануне *седера* необходимо тщательно проверить, нет ли на них насекомых. Поскольку многие насекомые очень малы и по цвету почти не отличаются от листьев самого салата, обнаружить их очень трудно. Поэтому рекомендуется использовать только середину листьев, которую гораздо легче проверить и очистить, нежели целые листья.

Дополнительное замечание

Накануне *Песаха* мацу есть запрещено (в первый день *Песаха* ее также едят в ограниченном количестве), чтобы вкушение мацы во время *седера* (которое является заповедью) ощущалось как важное событие и чтобы ее ели с большим аппетитом. По этой же причине накануне Песаха и в первый день праздника не следует есть *марор*. Более того, у нас принято не есть мацу в течение 30 дней до Песаха.

У нас также существует обычай с утра накануне Песаха и до вкушения *кореха* на втором *седере* не есть те продукты, которые входят в *харосет* и *марор*.

Подготовка к Песаху

סדר בדיקת חמץ

В течение нескольких недель накануне *Песаха* мы тщательно очищаем все помещения и вещи от малейших крошек квасного (*хамец*). Вечером накануне *седера* мы ищем еще оставшееся квасное с зажженной свечой.

Если *Песах* начинается в субботу вечером, мы устраиваем поиски *хамеца* в ночь с четверга на пятницу и сжигаем *хамец* в пятницу утром.

Принято прятать по всему дому десять тщательно завернутых в салфетку кусочков чего либо квасного, чтобы «найти» их в ходе поисков и сжечь на следующее утро.

Поиски *хамеца* следует начать с наступлением темноты. Во время поисков принято держать в руке зажженную свечу. Поиск производтся в самых трудно-доступных местах, например, в щелях между досками пола.

По обычаю к поискам приступают, держа в руках деревянную ложку, перо, восковую свечу и бумажный пакет. Все это сжигается на следующее утро вместе с найденным квасным.

Между произнесением благословения и началом поисков нельзя разгова-ривать, даже если нужно обсудить сами поиски. В ходе поисков не следует говорить о посторонних вещах.

Лучше всего, если в поисках *хамеца* примут участие все взрослые мужчины, которые есть в доме. Им нужно встать рядом с главой семьи, выслушать произнесенное им благословение и ответить: «*амен*». После этого каждому из них следует тщательно осмотреть одно из помещений. Участники ритуала должны приступать к поискам в комнате, находящейся ближе всего к месту, где было произнесено благословение, и только потом разойтись по разным кон-цам дома.

Прежде чем приступить к поискам, произносят следующее благословение, держа в руке зажженную свечу:

בָּרוּךְ אַתָּה יְיָ אֱלֹהֵינוּ מֶלֶךְ הָעוֹלָם, אֲשֶׁר קִדְּשָׁנוּ
בְּמִצְוֹתָיו, וְצִוָּנוּ עַל בִּעוּר חָמֵץ:

(אָמֵן–Присутствующие отвечают)

После завершения поисков свечу, перо и ложку кладут в бумажный пакет, который следует накрепко завязать вокруг торчащего наружу черенка ложки. Затем следует аннулировать *хамец*, произнеся следующий текст на любом понятном вам языке:

כָּל חֲמִירָא וַחֲמִיעָא דְּאִכָּא בִרְשׁוּתִי, דְּלָא חֲמִיתֵּיהּ
וּדְלָא בִעַרְתֵּיהּ וּדְלָא יְדַעְנָא לֵיהּ, לִבָּטֵל וְלֶהֱוֵי
הֶפְקֵר כְּעַפְרָא דְאַרְעָא:

Пакет с найденными кусочками, а также непасхальные продукты, оставленные на следующее утро, следует хранить подальше от детей и животных, чтобы они это не разбросали.

Поиски Квасного

В течение нескольких недель накануне *Песаха* мы тщательно очищаем все помещения и вещи от малейших крошек квасного (*хамец*). Вечером накануне *седера* мы ищем еще оставшееся квасное с зажженной свечой.

Если *Песах* начинается в субботу вечером, мы устраиваем поиски *хамеца* в ночь с четверга на пятницу и сжигаем *хамец* в пятницу утром.

Принято прятать по всему дому десять тщательно завернутых в салфетку кусочков чего либо квасного, чтобы «найти» их в ходе поисков и сжечь на следующее утро.

Поиски *хамеца* следует начать с наступлением темноты. Во время поисков принято держать в руке зажженную свечу. Поиск производтся в самых трудно-доступных местах, например, в щелях между досками пола.

По обычаю к поискам приступают, держа в руках деревянную ложку, перо, восковую свечу и бумажный пакет. Все это сжигается на следующее утро вместе с найденным квасным.

Между произнесением благословения и началом поисков нельзя разговаривать, даже если нужно обсудить сами поиски. В ходе поисков не следует говорить о посторонних вещах.

Лучше всего, если в поисках *хамеца* примут участие все взрослые мужчины, которые есть в доме. Им нужно встать рядом с главой семьи, выслушать произнесенное им благословение и ответить: «*амен*». После этого каждому из них следует тщательно осмотреть одно из помещений. Участники ритуала должны приступать к поискам в комнате, находящейся ближе всего к месту, где было произнесено благословение, и только потом разойтись по разным концам дома.

Прежде чем приступить к поискам, произносят следующее благословение, держа в руке зажженную свечу:

ברוך Благословен Ты, Господь, Бог наш, Царь вселенной, Который освятил нас Своими заповедями и заповедал уничтожение хамеца. (Присутствующие отвечают «Амен».)

После завершения поисков свечу, перо и ложку кладут в бумажный пакет, который следует накрепко завязать вокруг торчащего наружу черенка ложки. Затем следует аннулировать *хамец*, произнеся следующий текст на любом понятном вам языке:

כל «Все квасное и закваска, находящиеся в моем владении, которые я не увидел и не уничтожил и о которых я не знаю, – да будут считаться ничем и ничьим, подобно пыли земной».

Пакет с найденными кусочками, а также непасхальные продукты, оставленные на следующее утро, следует хранить подальше от детей и животных, чтобы они это не разбросали.

סדר ביעור חמץ

14 *нисана* можно есть *хамец* только до середины четвертого «ѓалахического часа» (проверьте точное время по местному еврейскому календарю). В начале пятого часа сожгите весь оставшийся *хамец*, включая десять кусочков, найденных в ходе поисков. После этого аннулируйте все квасное, которое вы могли не заметить, произнеся следующий текст:

כָּל חֲמִירָא וַחֲמִיעָא דְּאִכָּא בִרְשׁוּתִי, דַּחֲזִיתֵיהּ וּדְלָא חֲזִיתֵיהּ, דַּחֲמִיתֵיהּ וּדְלָא חֲמִיתֵיהּ, דְּבַעַרְתֵּיהּ וּדְלָא בַעַרְתֵּיהּ, לִבָּטֵל וְלֶהֱוֵי הֶפְקֵר כְּעַפְרָא דְאַרְעָא:

Затем произносят следующую молитву:

יְהִי רָצוֹן מִלְּפָנֶיךָ יְיָ אֱלֹהֵינוּ וֵאלֹהֵי אֲבוֹתֵינוּ, כְּשֵׁם שֶׁאֲנִי מְבַעֵר חָמֵץ מִבֵּיתִי וּמֵרְשׁוּתִי, כָּךְ תְּבַעֵר אֶת כָּל הַחִיצוֹנִים, וְאֶת רוּחַ הַטֻּמְאָה תַּעֲבִיר מִן הָאָרֶץ, וְאֶת יִצְרֵנוּ הָרָע תַּעֲבִירֵהוּ מֵאִתָּנוּ, וְתִתֵּן לָנוּ לֵב בָּשָׂר לְעָבְדְּךָ בֶּאֱמֶת, וְכָל סִטְרָא אָחֳרָא וְכָל הַקְּלִפּוֹת וְכָל הָרִשְׁעָה בְּעָשָׁן תִּכְלֶה, וְתַעֲבִיר מֶמְשֶׁלֶת זָדוֹן מִן הָאָרֶץ, וְכָל הַמְּעִיקִים לַשְּׁכִינָה תְּבַעֲרֵם בְּרוּחַ בָּעֵר וּבְרוּחַ מִשְׁפָּט כְּשֵׁם שֶׁבִּעַרְתָּ אֶת מִצְרַיִם וְאֶת אֱלֹהֵיהֶם בַּיָּמִים הָהֵם בִּזְמַן הַזֶּה, אָמֵן סֶלָה:

סדר קרבן פסח

«Принесем в жертву наши слова вместо жертвоприношения скота» (Ѓошеа, 14:3). Дневная молитва минха установлена вместо ежедневного послеполуденного жертвоприношения. Когда существовал Храм, пасхальное жертвоприношение (*корбан Песах*) совершали после полудня. Поэтому после минхи реко-

Порядок Уничтожения Квасного

14 *нисана* можно есть *хамец* только до середины четвертого «ѓалахического часа» (проверьте точное время по местному еврейскому календарю). В начале пятого часа сожгите весь оставшийся *хамец*, включая десять кусочков, найденных в ходе поисков. После этого аннулируйте все квасное, которое вы могли не заметить, произнеся следующий текст:

כל Все квасное и закваска, находящиеся в моем владении, которые я увидел и которые я не видел, которые я заметил и которые я не заметил, которые я уничтожил и которые я не уничтожил, да станут считаться ничем и ничьим, подобно пыли земной.

Затем произносят следующую молитву:

יהי Да будет воля Твоя, Господь, Бог наш и Бог отцов наших, на то, чтобы так же, как я уничтожаю хамец в своем доме и в своих владениях, и Ты уничтожил и удалил с лица земли дух нечистоты, и злой дух наш убери от нас, и позволь моему сердцу честно служить тебе. А всякие силы зла и силы нечистоты пусть рассеются, как дым, и Ты уберешь с земли царство зла и всех, кто стесняет Божественное присутствие в этом мире, Ты разоришь и осудишь так же, как разорил ты Египет и идолов в те дни, в это время. *Амен.*

Пасхальное Жертвоприношение

«Принесем в жертву наши слова вместо жертвоприношения скота» (Ѓошеа, 14:3). Дневная молитва минха установлена вместо ежедневного послеполуденного жертвоприношения. Когда существовал Храм, пасхальное жертвоприношение (*корбан Песах*) совершали после полудня. Поэтому после минхи реко-

מענדуется изучать порядок пасхального жертвоприношения, произнося следующий текст:

קָרְבָּן פֶּסַח מֵבִיא מִן הַכְּבָשִׂים אוֹ מִן הָעִזִּים זָכָר בֶּן
שָׁנָה, וְשׁוֹחֲטוֹ בָּעֲזָרָה בְּכָל מָקוֹם, אַחַר חֲצוֹת
אַרְבָּעָה עָשָׂר דַּוְקָא, וְאַחַר שְׁחִיטַת תָּמִיד שֶׁל בֵּין
הָעַרְבַּיִם, וְאַחַר הֲטָבַת נֵרוֹת שֶׁל בֵּין הָעַרְבַּיִם. וְאֵין
שׁוֹחֲטִין אֶת הַפֶּסַח עַל הֶחָמֵץ. וְאִם שָׁחַט קוֹדֶם
לַתָּמִיד, כָּשֵׁר, וּבִלְבַד שֶׁיְּהֵא אַחֵר מְמָרֵס בְּדַם הַפֶּסַח
כְּדֵי שֶׁלֹּא יִקָּרֵשׁ עַד שֶׁיִּזְרְקוּ דַם הַתָּמִיד, וְאַחַר כָּךְ
יִזְרְקוּ דַם הַפֶּסַח זְרִיקָה אַחַת כְּנֶגֶד הַיְסוֹד. וְכֵיצַד
עוֹשִׂין? שָׁחַט הַשּׁוֹחֵט, וְקִבֵּל הַכֹּהֵן הָרִאשׁוֹן שֶׁבָּרֹאשׁ
הַשּׁוּרָה וְנָתַן לַחֲבֵרוֹ, וַחֲבֵרוֹ לַחֲבֵרוֹ, וְהַכֹּהֵן הַקָּרוֹב
אֵצֶל הַמִּזְבֵּחַ זוֹרְקוֹ זְרִיקָה אַחַת כְּנֶגֶד הַיְסוֹד, וְחוֹזֵר
הַכְּלִי רֵיקָן לַחֲבֵרוֹ, וַחֲבֵרוֹ לַחֲבֵרוֹ, וּמְקַבֵּל כְּלִי הַמָּלֵא
תְחִלָּה וְאַחַר כָּךְ מַחֲזִיר הָרֵיקָן. וְהָיוּ שׁוּרוֹת שֶׁל בָּזִיכֵי
כֶסֶף וְשׁוּרוֹת שֶׁל בָּזִיכֵי זָהָב. וְלֹא הָיוּ לַבָּזִיכִין שׁוּלַיִם,
שֶׁמָּא יַנִּיחֵם וְיִקָּרֵשׁ הַדָּם. אַחַר כָּךְ תּוֹלִין אֶת הַפֶּסַח
וּמַפְשִׁיטִין אוֹתוֹ כֻלּוֹ, וְקוֹרְעִין אוֹתוֹ, וּמְמַחִין אֶת קְרָבָיו
עַד שֶׁיֵּצֵא הַפֶּרֶשׁ, וּמוֹצִיאִין אֶת הָאֵמוּרִים, וְהֵם:
הַחֵלֶב שֶׁעַל הַקֶּרֶב, וְיוֹתֶרֶת הַכָּבֵד, וּשְׁתֵּי כְלָיוֹת וְהַחֵלֶב
שֶׁעֲלֵיהֶן, וְהָאַלְיָה לְעֻמַּת הֶעָצֶה, וְנוֹתְנָם בִּכְלִי שָׁרֵת,
וּמוֹלְחָם וּמַקְטִירָם הַכֹּהֵן עַל גַּבֵּי הַמִּזְבֵּחַ כָּל אֶחָד
לְבַדּוֹ. וְהַשְּׁחִיטָה וְהַזְּרִיקָה וּמִחוּי קְרָבָיו וְהֶקְטֵר חֲלָבָיו
דּוֹחִין אֶת הַשַּׁבָּת, וּשְׁאָר עִנְיָנָיו אֵינָם דּוֹחִין אֶת
הַשַּׁבָּת. וְכֵן אֵין מוֹלִיכִין אֶת הַפֶּסַח לַבַּיִת כְּשֶׁחָל
בְּשַׁבָּת, אֶלָּא כַּת הָאַחַת הֵם מִתְעַכְּבִים עִם פִּסְחֵיהֶם

мендуется изучать порядок пасхального жертвоприношения, произнося следующий текст:

קרבן «Для пасхальной жертвы берут годовалого ягненка или козленка. Забивают его после полудня четырнадцатого *нисана*, вслед за принесением жертвы *тамид* и очищением чашек храмовой *меноры* (светильника), в любой части *азары* (храмового двора). Нельзя приносить пасхальную жертву, пока во владении приносящего еще остается квасное. Если пасхальную жертву зарезали до приношения жертвы *тамид* – она пригодна при том условии, что, пока не окропят жертвенник кровью жертвы *тамид*, кто-нибудь будет размешивать кровь пасхальной жертвы, чтобы она не свернулась, пока не окропят жертвенник кровью жертвы *тамид*, а после этого один раз кропят кровью пасхальной жертвы основание жертвенника. И как же это делается? Резник забивает жертвенное животное и передает (сосуд с его кровью) *коѓену*, стоящему первым в цепочке священников, ведущей к жертвеннику, тот передает ее следующему, тот – следующему. Стоящий ближе всех к жертвеннику кропит его основание один раз и возвращает стоящему возле него *коѓену* пустой сосуд, тот передает его следующему и так далее. И те же, кто передавал полный сосуд к жертвеннику, передают его назад пустым. Были ряды сосудов из серебра и ряды сосудов из золота. Днища у них не делали плоскими, так что их невозможно было поставить, – чтобы кто-нибудь не поставил сосуд с кровью жертвы и она не свернулась бы. После этого пасхальную жертву подвешивают, свежуют целиком, потрошат и очищают внутренности от нечистот. Вынимают внутренние органы (которые потом кладут на жертвенник): нутряной жир, оболочку печени, две почки вместе с жиром на них и курдюк до кости копчика. Их помещают в ритуальный сосуд, и *коѓен* посыпает их солью и воскуряет их на жертвеннике, внутренности каждого жертвенного животного по отдельности. Пасхальную жертву режут, окропляют ее кровью жертвенник, очищают внутренности и воскуряют ее жир даже в субботу, но все остальные

בָּהַר הַבַּיִת, וְהַכַּת הַשְּׁנִיָּה יוֹשֶׁבֶת לָהּ בַּחֵיל, וְהַשְּׁלִישִׁית בִּמְקוֹמָהּ עוֹמֶדֶת. חָשְׁכָה, יָצְאוּ וְצָלוּ פִּסְחֵיהֶם. בִּשְׁלֹשָׁה כִּתּוֹת הַפֶּסַח נִשְׁחָט, וְאֵין כַּת פְּחוּתָה מִשְּׁלֹשִׁים אֲנָשִׁים. נִכְנְסָה כַּת הָרִאשׁוֹנָה, נִתְמַלְּאָה הָעֲזָרָה, נוֹעֲלִין אוֹתָהּ. וּבְעוֹד שֶׁהֵם שׁוֹחֲטִין וּמַקְרִיבִין אֶת הָאֵימוּרִים, קוֹרְאִין אֶת הַהַלֵּל. אִם גָּמְרוּ אוֹתוֹ קוֹדֶם שֶׁיַּקְרִיבוּ כֻלָּם, שׁוֹנִים אוֹתוֹ, וְאִם שָׁנוּ יְשַׁלֵּשׁוּ. עַל כָּל קְרִיאָה תּוֹקְעִין שָׁלֹשׁ תְּקִיעוֹת: תְּקִיעָה תְּרוּעָה תְּקִיעָה. גָּמְרוּ לְהַקְרִיב, פּוֹתְחִין הָעֲזָרָה. יָצְאָה כַּת רִאשׁוֹנָה, נִכְנְסָה כַּת שְׁנִיָּה, נוֹעֲלִין דַּלְתוֹת הָעֲזָרָה. גָּמְרוּ, פּוֹתְחִין, יָצְאָה כַּת שְׁנִיָּה, נִכְנְסָה כַּת שְׁלִישִׁית, וּמַעֲשֵׂה כֻלָּן שָׁוִין. וְאַחַר שֶׁיָּצְאוּ כֻלָּן רוֹחֲצִין הָעֲזָרָה, וַאֲפִילוּ בְּשַׁבָּת, מִפְּנֵי לִכְלוּךְ הַדָּם שֶׁהָיָה בָהּ. וְכֵיצַד הָיְתָה הָרְחִיצָה? אַמַּת הַמַּיִם הָיְתָה עוֹבֶרֶת בָּעֲזָרָה, וְהָיָה לָהּ מָקוֹם לָצֵאת מִמֶּנָּה, וּכְשֶׁרוֹצִין לְהָדִיחַ אֶת הָרִצְפָּה, סוֹתְמִין מְקוֹם יְצִיאָתָהּ, וְהִיא מִתְמַלֵּאת עַל כָּל גְּדוֹתֶיהָ מִפֹּה וּמִפֹּה, עַד שֶׁהַמַּיִם עוֹלִים וְצָפִים מִכָּאן וּמִכָּאן, וּמְקַבֵּץ אֵלֶיהָ כָּל דָּם וְכָל לִכְלוּךְ שֶׁהָיָה בָעֲזָרָה. וְאַחַר כָּךְ פּוֹתְחִין מְקוֹם יְצִיאָתָהּ, וְהַכֹּל יוֹצֵא עַד שֶׁנִּשְׁאָר הָרִצְפָּה מְנֻקָּה וּמְשֻׁפָּה. זֶהוּ כְּבוֹד הַבַּיִת. וְאִם הַפֶּסַח נִמְצָא טְרֵפָה, לֹא עָלָה לוֹ עַד שֶׁמֵּבִיא אַחֵר:

Это – максимально краткое описание пасхального жертвоприношения. Богобоязненный человек должен произнести этот текст в соответствующее время,
чтобы это было засчитано ему вместо жертвоприношения. При этом он должен
в горести помнить о разрушении Храма и молить Бога, Творца неба и земли,
чтобы Он отстроил его вскоре, в наши дни, *амен.*

действия, связанные с пасхальной жертвой, совершать в субботу запрещено. А также, если (14 *нисана*) выпало на субботу, пасхальную жертву не уносят домой; часть приносящих жертвы остается с ними на Храмовой горе, другие размещаются в *Хеле*, за двором Храма, а третьи остаются на месте. Когда стемнеет, все они уходят и жарят мясо своих жертв. Пасхальные жертвы приносят в три смены, каждая из которых включает не менее тридцати мужчин. После того как первая смена заполняет двор Храма, его запирают. Пока они приносят жертвы и совершают воскурение внутренностей, (остальные) читают хвалебные гимны (*Галель*). Если *Галель* закончили читать до того, как все завершили свои жертвоприношения, это делают вторично, а если не успели завершить и во второй раз, читают в третий. После каждого зачитывания *Галеля* трижды трубят в шофар – *ткиа, труа, ткия*. Когда все завершают жертвоприношения, открывают храмовый двор, первая смена выходит, вторая заходит, и снова запирают ворота. Заканчивает и эта смена – их снова отпирают. Вторая смена выходит – заходит третья. Все действия для каждой смены одинаковы. После того как все вышли, храмовый двор моют, даже в субботу, чтобы смыть кровь. Как мыли двор? Через него проходила канавка с проточной водой, и во дворе было отверстие для ее слива. Когда нужно было мыть пол, это отверстие закрывали, и канавка наполнялась водой; вода поднималась и проникала повсюду, собирая всю кровь и грязь, что были во дворе. После этого отверстие открывали, все стекало туда, и пол становился чистым и гладким. И это часть славы Храма. Если жертвенное животное оказывается *трефным*, выполнение заповеди не засчитывается, пока жертвующий не принесет другую жертву».

Это – максимально краткое описание пасхального жертвоприношения. Богобоязненный человек должен произнести этот текст в соответствующее время, чтобы это было засчитано ему вместо жертвоприношения. При этом он должен в горести помнить о разрушении Храма и молить Бога, Творца неба и земли, чтобы Он отстроил его вскоре, в наши дни, *амен*.

עֵרוּב תַּבְשִׁילִין

Если первые два дня *Песаха* выпадают на четверг и пятницу, в среду нужно сделать *эрув тавшилин* – ритуал, позволяющий готовить в праздник на субботу; в противном случае это запрещено. Для того чтобы сделать *эрув тавшилин*, берут мацу и какое-либо блюдо, приготовленное на субботу (кусок мяса или рыбы), и произносят благословение, приведенное ниже. Существует обычай назначать, если это возможно, взрослого мужчину «посланцем», через которого человек распространяет свой *эрув тавшилин* на всю общину. Тот, у кого нет «посланца», следующий отрывок не читает:

Передавая «посланцу» мацу и готовую еду, произносят:

אֲנִי מְזַכֶּה לְכָל מִי שֶׁרוֹצֶה לִזְכּוֹת וְלִסְמוֹךְ עַל עֵרוּב זֶה:

«Посланец» берет еду, поднимает ее хотя бы на *тефах* («ладонь», около 8 см), после чего возвращает тому, кто делает *эрув*.

Держа в одной руке мацу, а в другой блюдо с едой, произносят:

בָּרוּךְ אַתָּה יְיָ, אֱלֹהֵינוּ מֶלֶךְ הָעוֹלָם, אֲשֶׁר קִדְּשָׁנוּ בְּמִצְוֹתָיו, וְצִוָּנוּ עַל מִצְוַת עֵרוּב:

בְּדֵין יְהֵא שָׁרֵא לָנָא לַאֲפוּיֵי וּלְבַשּׁוּלֵי וּלְאַטְמוּנֵי וּלְאַדְלוּקֵי שְׁרָגָא וּלְתַקָּנָא וּלְמֶעְבַּד כָּל צָרְכָנָא מִיּוֹמָא טָבָא לְשַׁבַּתָּא, לָנָא וּלְכָל יִשְׂרָאֵל הַדָּרִים בָּעִיר הַזֹּאת:

Тот, кто не понимает выше арамейский текст должен читать его на языке, который он понимает.

После этого мацу и еду оставляют на субботнюю трапезу.

הַדְלָקַת נֵרוֹת

Праздничные свечи желательно зажечь не позже чем за 18 минут до захода солнца. В *шаббат*, если не зажгли вовремя, за 18 минут до захода солнца, после уже нельзя зажигать в эту субботу. Девочки, начиная с трехлетнего возраста, также должны зажигать одну свечу. Замужние женщины обычно зажигают две свечи. Во многих семьях зажигают по одной дополнительной свече за каждого ребенка. Перед зажиганием праздничных свечей принято делать небольшое пожертвование на благотворительность.

После того как свечи зажжены, трижды проводят руками вокруг пламени и в сторону лица. Затем закрывают лицо руками и произносят соответствующие благословения.

Эрув Тавшилин

Если первые два дня *Песаха* выпадают на четверг и пятницу, в среду нужно сделать *эрув тавшилин* – ритуал, позволяющий готовить в праздник на субботу; в противном случае это запрещено. Для того чтобы сделать *эрув тавшилин*, берут мацу и какое-либо блюдо, приготовленное на субботу (кусок мяса или рыбы), и произносят благословение, приведенное ниже. Существует обычай назначать, если это возможно, взрослого мужчину «посланцем», через которого человек распространяет свой *эрув тавшилин* на всю общину. Тот, у кого нет «посланца», следующий отрывок не читает:

Передавая «посланцу» мацу и готовую еду, произносят:

אֲנִי Я позволяю всякому, кто пожелает, участвовать в этом эруве и полагаться на него.

«Посланец» берет еду, поднимает ее хотя бы на *тефах* («ладонь», около 8 см), после чего возвращает тому, кто делает *эрув*.

Держа в одной руке мацу, а в другой блюдо с едой, произносят:

בָּרוּך Благословен Ты, Господь, Бог наш, Царь вселенной, который освятил нас Своими заповедями и повелел нам исполнять заповедь эрува (смешения блюд).

בְּדֵין Благодаря этому эруву будет позволено нам печь, и варить, и сохранять пищу горячей, и зажигать огонь, и приготавливать все необходимое с праздника на субботу – нам и всем евреям, живущим в этом городе.

Тот, кто не понимает выше арамейский текст должен читать его на языке, который он понимает.

После этого мацу и еду оставляют на субботнюю трапезу.

Зажигание Свечей

Праздничные свечи желательно зажечь не позже чем за 18 минут до захода солнца. В *шаббат*, если не зажгли вовремя, за 18 минут до захода солнца, после уже нельзя зажигать в эту субботу. Девочки, начиная с трехлетнего возраста, также должны зажи-гать одну свечу. Замужние женщины обычно зажигают две свечи. Во многих семьях зажигают по одной дополнительной свече за каждого ребенка. Перед зажиганием праздничных свечей принято делать небольшое пожерт-вование на благотворительность.

После того как свечи зажжены, трижды проводят руками вокруг пламени и в сторону лица. Затем закрывают лицо руками и произносят соответствующие благословения.

Если первый день *Песаха* выпадает на вечер пятницы и человек забыл зажечь праздничные свечи до захода солнца, свечи не зажигают.

Во второй вечер праздника или если первый день *Песаха* начинается в субботу вечером, свечи зажигают после наступления темноты от огня, зажженного заранее. Ночь наступает через 45–60 минут после заката (точное время для вашего города можно узнать в еврейском календаре).

В пятницу вечером добавляют слова, заключенные в скобки:

בָּרוּךְ אַתָּה יְיָ, אֱלֹהֵינוּ מֶלֶךְ הָעוֹלָם, אֲשֶׁר קִדְּשָׁנוּ
בְּמִצְוֹתָיו, וְצִוָּנוּ לְהַדְלִיק נֵר שֶׁל (שַׁבָּת וְשֶׁל)
יוֹם טוֹב:

בָּרוּךְ אַתָּה יְיָ, אֱלֹהֵינוּ מֶלֶךְ הָעוֹלָם, שֶׁהֶחֱיָנוּ
וְקִיְּמָנוּ וְהִגִּיעָנוּ לַזְּמַן הַזֶּה:

תקוני שבת

Когда вечер первого дня *Песаха* выпадает на пятницу, после возвращения из синагоги поют негромко следующий гимн:

– 3 раза שָׁלוֹם עֲלֵיכֶם מַלְאֲכֵי הַשָּׁרֵת מַלְאֲכֵי עֶלְיוֹן מִמֶּלֶךְ
מַלְכֵי הַמְּלָכִים הַקָּדוֹשׁ בָּרוּךְ הוּא:

– 3 раза בּוֹאֲכֶם לְשָׁלוֹם מַלְאֲכֵי הַשָּׁלוֹם מַלְאֲכֵי עֶלְיוֹן מִמֶּלֶךְ
מַלְכֵי הַמְּלָכִים הַקָּדוֹשׁ בָּרוּךְ הוּא:

– 3 раза בָּרְכוּנִי לְשָׁלוֹם מַלְאֲכֵי הַשָּׁלוֹם מַלְאֲכֵי עֶלְיוֹן מִמֶּלֶךְ
מַלְכֵי הַמְּלָכִים הַקָּדוֹשׁ בָּרוּךְ הוּא:

– 3 раза צֵאתְכֶם לְשָׁלוֹם מַלְאֲכֵי הַשָּׁלוֹם מַלְאֲכֵי עֶלְיוֹן
מִמֶּלֶךְ מַלְכֵי הַמְּלָכִים הַקָּדוֹשׁ בָּרוּךְ הוּא:

כִּי מַלְאָכָיו יְצַוֶּה לָּךְ, לִשְׁמָרְךָ בְּכָל דְּרָכֶיךָ:
יְיָ יִשְׁמָר צֵאתְךָ וּבוֹאֶךָ, מֵעַתָּה וְעַד עוֹלָם:

אֵשֶׁת חַיִל מִי יִמְצָא, וְרָחֹק מִפְּנִינִים מִכְרָהּ. בָּטַח בָּהּ לֵב
בַּעְלָהּ, וְשָׁלָל לֹא יֶחְסָר. גְּמָלַתְהוּ טוֹב וְלֹא רָע,
כָּל יְמֵי חַיֶּיהָ. דָּרְשָׁה צֶמֶר וּפִשְׁתִּים, וַתַּעַשׂ בְּחֵפֶץ כַּפֶּיהָ.

21

Если первый день *Песаха* выпадает на вечер пятницы и человек забыл зажечь праздничные свечи до захода солнца, свечи не зажигают.

Во второй вечер праздника или если первый день *Песаха* начинается в субботу вечером, свечи зажигают после наступления темноты от огня, зажженного заранее. Ночь наступает через 45–60 минут после заката (точное время для вашего города можно узнать в еврейском календаре).

В пятницу вечером добавляют слова, заключенные в скобки. Транслитерация, стр. 66.

ברוך Благословен Ты, Господь, Бог наш, Царь вселенной, который освятил нас Своими заповедями и повелел нам зажигать (субботние и) праздничные свечи.

ברוך Благословен Ты, Господь, Бог наш, Царь вселенной, который сохранил нас в живых, обеспечил наше существование и сохранил нас до сего времени.

Гимны Вечера Пятницы

Когда вечер первого дня *Песаха* выпадает на пятницу, после возвращения из синагоги поют негромко следующий гимн:

3 раза – שלום Мир вам, ангелы-служители, посланцы Всевышнего, Царя царей, Святого, благословен Он!

3 раза – בואכם Входите с миром, ангелы мира, посланцы Всевышнего, Царя царей, Святого, благословен Он!

3 раза – ברכוני Пожелайте мне мира, ангелы мира, посланцы Всевышне-го, Царя царей, Святого, благословен Он!

3 раза – צאתכם Удалитесь с миром, ангелы мира, посланцы Всевышнего, Царя царей, Святого, благословен Он!

כי Потому что Он прикажет Своим ангелам хранить тебя на всех твоих путях. Пусть Господь хранит тебя, когда ты уходишь и когда приходишь, отныне и вовеки!

אשת Кто найдет жену добродетельную? Драгоценней жемчугов она. Уверено в ней сердце мужа ее, и не будет растрачено заработанное им. Она воздает ему добром, а не злом, во все дни жизни своей. Добывает она шерсть и лен и прилежно работает своими руками. Она подобна купеческим кораблям и приносит хлеб свой издалека. Встает она засветло, раздает пищу в доме своем и

הָיְתָה כָּאֲנִיּוֹת סוֹחֵר, מִמֶּרְחָק תָּבִיא לַחְמָהּ. וַתָּקָם בְּעוֹד
לַיְלָה, וַתִּתֵּן טֶרֶף לְבֵיתָהּ, וְחֹק לְנַעֲרֹתֶיהָ. זָמְמָה שָׂדֶה
וַתִּקָּחֵהוּ, מִפְּרִי כַפֶּיהָ נָטְעָה כָּרֶם. חָגְרָה בְעוֹז מָתְנֶיהָ,
וַתְּאַמֵּץ זְרוֹעֹתֶיהָ. טָעֲמָה כִּי טוֹב סַחְרָהּ, לֹא יִכְבֶּה בַלַּיְלָה
נֵרָהּ. יָדֶיהָ שִׁלְּחָה בַכִּישׁוֹר, וְכַפֶּיהָ תָּמְכוּ פָלֶךְ. כַּפָּהּ פָּרְשָׂה
לֶעָנִי, וְיָדֶיהָ שִׁלְּחָה לָאֶבְיוֹן. לֹא תִירָא לְבֵיתָהּ מִשָּׁלֶג, כִּי
כָל בֵּיתָהּ לָבֻשׁ שָׁנִים. מַרְבַדִּים עָשְׂתָה לָּהּ, שֵׁשׁ וְאַרְגָּמָן
לְבוּשָׁהּ. נוֹדָע בַּשְּׁעָרִים בַּעְלָהּ, בְּשִׁבְתּוֹ עִם זִקְנֵי אָרֶץ. סָדִין
עָשְׂתָה וַתִּמְכֹּר, וַחֲגוֹר נָתְנָה לַכְּנַעֲנִי. עוֹז וְהָדָר לְבוּשָׁהּ,
וַתִּשְׂחַק לְיוֹם אַחֲרוֹן. פִּיהָ פָּתְחָה בְחָכְמָה, וְתוֹרַת חֶסֶד עַל
לְשׁוֹנָהּ. צוֹפִיָּה הֲלִיכוֹת בֵּיתָהּ, וְלֶחֶם עַצְלוּת לֹא תֹאכֵל.
קָמוּ בָנֶיהָ וַיְאַשְּׁרוּהָ, בַּעְלָהּ וַיְהַלְלָהּ. רַבּוֹת בָּנוֹת עָשׂוּ חָיִל,
וְאַתְּ עָלִית עַל כֻּלָּנָה. שֶׁקֶר הַחֵן וְהֶבֶל הַיֹּפִי, אִשָּׁה יִרְאַת
יְיָ הִיא תִתְהַלָּל. תְּנוּ לָהּ מִפְּרִי יָדֶיהָ, וִיהַלְלוּהָ בַשְּׁעָרִים
מַעֲשֶׂיהָ:

מִזְמוֹר לְדָוִד, יְיָ רֹעִי לֹא אֶחְסָר. בִּנְאוֹת דֶּשֶׁא יַרְבִּיצֵנִי,
עַל מֵי מְנֻחוֹת יְנַהֲלֵנִי. נַפְשִׁי יְשׁוֹבֵב, יַנְחֵנִי
בְמַעְגְּלֵי צֶדֶק לְמַעַן שְׁמוֹ. גַּם כִּי אֵלֵךְ בְּגֵיא צַלְמָוֶת לֹא
אִירָא רָע, כִּי אַתָּה עִמָּדִי, שִׁבְטְךָ וּמִשְׁעַנְתֶּךָ הֵמָּה יְנַחֲמֻנִי.
תַּעֲרֹךְ לְפָנַי שֻׁלְחָן נֶגֶד צֹרְרָי, דִּשַּׁנְתָּ בַשֶּׁמֶן רֹאשִׁי, כּוֹסִי
רְוָיָה. אַךְ טוֹב וָחֶסֶד יִרְדְּפוּנִי כָּל יְמֵי חַיָּי, וְשַׁבְתִּי בְּבֵית יְיָ
לְאֹרֶךְ יָמִים:

דָּא הִיא סְעוּדָתָא דַּחֲקַל תַּפּוּחִין קַדִּישִׁין:

אַתְקִינוּ סְעוּדָתָא דִמְהֵימְנוּתָא שְׁלֵמָתָא חֶדְוָתָא דְמַלְכָּא
קַדִּישָׁא. אַתְקִינוּ סְעוּדָתָא דְמַלְכָּא, דָּא הִיא
סְעוּדָתָא דַּחֲקַל תַּפּוּחִין קַדִּישִׁין, וּזְעֵיר אַנְפִּין וְעַתִּיקָא
קַדִּישָׁא אַתְיָן לְסַעֲדָא בַּהֲדַהּ:

указания служанкам своим. Она думает о поле и приобретает его; от плодов рук своих сажает виноградник. Туго перепоясывает чресла свои, и руки ее крепки. Вкушает благоприобретения свои – не гаснет ночью светильник ее. Протягивает руки свои к прялке и пальцами держит веретено. Ладонь свою раскрывает бедному и поддерживает своими руками нищего. Не опасается она за семью свою при стуже, ибо вся семья ее одета в алую ткань. Она делает себе полотно, виссон и пурпур – одежда ее. Муж ее известен в городских воротах; он заседает вместе со старейшинами страны. Она делает покрывала и продает, и пояса доставляет купцам. Крепость и достоинство – одежда ее, и радостно она встречает грядущий день. Уста свои открывает она с мудростью, и кротко наставление на языке ее. Она наблюдает за ходом дел в доме своем и хлеба праздности не ест. Встают дети ее – и восхваляют ее; муж ее также превозносит ее: «Многие дочери (жены) преуспели, но ты превзошла их всех!» Обманчива прелесть и суетна красота: жена, боящаяся Господа, прославлена. Дайте ей от плода рук ее, и да прославят ее в воротах (города) деяния ее.

מזמור Псалом Давида. Господь – пастырь мой. Не будет у меня нужды ни в чем. На пастбищах травянистых Он укладывает меня, на воды тихие приводит меня. Душу мою оживляет, ведет меня путями справедливости ради имени Своего. Даже если иду долиной тьмы – не устрашусь зла, ибо Ты со мной; посох Твой и опора Твоя – они успокоят меня. Ты готовишь стол предо мной в виду врагов моих, умащаешь голову мою елеем, чаша моя насыщает. Пусть только благо и милость сопровождают меня все дни жизни моей, (чтобы) пребывать мне в доме Господнем долгие годы.

דא Эта трапеза – в честь Священного *Хакал Тапухин*.

אתקינו Приготовьте трапезу совершенной веры, услаждение святого Царя, приготовьте трапезу для Царя. Это трапеза *Хакал Тапухин*, и пусть Малый Лик и Древний Днями придут на трапезу его.

Седер

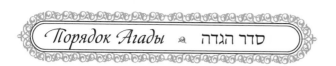

Порядок Агады ❧ סדר הגדה

יסדר על שולחנו קערה בג׳ מצות מונחים זה על זה, הישראל ועליו הלוי ועליו הכהן.
ועליו לימין הזרוע, וכנגדו לשמאל הביצה, תחתיהם באמצע המרור, ותחת הזרוע
החרוסת, וכנגדו תחת הביצה הכרפס, ותחת המרור החזרת שעושין כורך.

Седер следует начинать сразу после возвращения из синагоги, однако
не раньше наступления темноты. Принято готовить пасхальное блюдо
(*кеара*) после наступления темноты. Во второй день праздника не
накрывают на стол до наступления темноты.

Еду на пасхальное блюдо кладут в следующем порядке:

1 **Маца | מצה** Три целых листа мацы кладут на поднос или
большую тарелку. Сверху и снизу каждая маца должна быть
обернута салфеткой или тканью, чтобы получилось три
«кармана». Сначала положите мацу в нижний карман. Эту мацу
называют «исраэль». Затем в карман над ней положите мацу
«леви» и, наконец, положите самый верхний лист – «когѓен».

2 **Зроа | זרוע** Положите запеченную косточку
или куриную шейку поверх мацы, в
правом верхнем углу. Обычай
Хабада – почти целиком очищать
эту косточку от мяса.

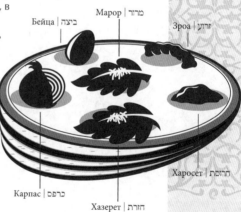

Бейца | ביצה   Марор | מרור   Зроа | זרוע

коѓен | כהן
леви | לוי
исраэль | ישראל

Харосет | חרוסת

Карпас | כרפס   Хазерет | חזרת

3 **Бейца | ביצה** Положите
вареное яйцо в
левом верхнем
углу.

4 **Марор | מרור**
Положите *кезайт* (около 26
граммов) горьких трав в
середину. В качестве *марора*
принято использовать салат или хрен.

5 **Харосет | חרוסת** Положите орехово-фруктовую смесь в
правый нижний угол, под *зроа* (добавьте вино перед вкушением
марора).

6 **Карпас | כרפס** Положите какой-либо овощ – сырую луковицу
(или вареную картофелину) в левый нижний угол, ниже яйца.

7 **Хазерет | חזרת** Положите «*кезаит*» горькой зелени ниже
марора. В качестве *хазерет* принято использовать салат или хрен.

Порядок Пасхального Седера ❧ סימן סדר של פסח

Кадеш	чтение праздничного кидуша освящение праздника	קַדֵּשׁ
Урхац	омовение рук без благословения	וּרְחַץ
Карпас	едят овощ, предварительно обмакивая в соленую воду	כַּרְפַּס
Яхац	преломление средней мацы	יַחַץ
Магид	рассказ об Исходе из Египта	מַגִּיד
Рахца	омовение рук перед трапезой с благословением	רָחְצָה
Моци	благословение ѓамоци на мацу	מוֹצִיא
Маца	благословляют и едят мацу, исполняя заповедь	מַצָּה
Марор	едят горькую зелень	מָרוֹר
Корех	Складывают мацу с марором вместе и едят	כּוֹרֵךְ
Шульхан орех	Накрытый стол (праздничная трапеза)	שֻׁלְחָן עוֹרֵךְ
Цафун	достают и едят спрятанный до этого афикоман	צָפוּן
Берах	благословение после трапезы	בָּרֵךְ
Ѓалель	читают ѓалель – псалмы, прославляющие Творца	הַלֵּל
Нирца	да будет наш седер благсклонно принят Богом	נִרְצָה

קַדֵּשׁ

Все присутствующие наполняют свои бокалы полностью, так, чтобы вино слегка перелилось через край. Далее говорят:

אַתְקִינוּ סְעוּדָתָא דְּמַלְכָּא עִלָּאָה, דָּא הִיא סְעוּדָתָא דְּקוּדְשָׁא בְּרִיךְ הוּא וּשְׁכִינְתֵּיהּ:

Кидуш произносят стоя.

Возьмите бокал правой рукой, затем переложите его в левую и поставьте на правую ладонь. Бокал следует приподнять над столом не меньше чем на три *тефаха* (около 23 см); проследите, чтобы это правило соблюдалось всякий раз, когда во время *седера* поднимают бокал с вином.

Глядя на праздничные свечи, говорят:

В пятницу вечером начинают здесь:

יוֹם הַשִּׁשִּׁי: וַיְכֻלּוּ הַשָּׁמַיִם וְהָאָרֶץ וְכָל צְבָאָם: וַיְכַל אֱלֹהִים בַּיּוֹם הַשְּׁבִיעִי מְלַאכְתּוֹ אֲשֶׁר עָשָׂה, וַיִּשְׁבֹּת בַּיּוֹם הַשְּׁבִיעִי מִכָּל מְלַאכְתּוֹ אֲשֶׁר עָשָׂה: וַיְבָרֶךְ אֱלֹהִים אֶת יוֹם הַשְּׁבִיעִי וַיְקַדֵּשׁ אֹתוֹ, כִּי בוֹ שָׁבַת מִכָּל מְלַאכְתּוֹ אֲשֶׁר בָּרָא אֱלֹהִים לַעֲשׂוֹת:

В другие дни *кидуш* начинают отсюда:

Смотрят на вино.

סַבְרִי מָרָנָן:

בָּרוּךְ אַתָּה יְיָ, אֱלֹהֵינוּ מֶלֶךְ הָעוֹלָם, בּוֹרֵא פְּרִי הַגָּפֶן:

В пятницу вечером добавляют слова в скобках:

בָּרוּךְ אַתָּה יְיָ, אֱלֹהֵינוּ מֶלֶךְ הָעוֹלָם, אֲשֶׁר בָּחַר בָּנוּ מִכָּל עָם, וְרוֹמְמָנוּ מִכָּל לָשׁוֹן, וְקִדְּשָׁנוּ בְּמִצְוֹתָיו. וַתִּתֶּן לָנוּ יְיָ אֱלֹהֵינוּ בְּאַהֲבָה (שַׁבָּתוֹת לִמְנוּחָה וּ) מוֹעֲדִים לְשִׂמְחָה, חַגִּים וּזְמַנִּים לְשָׂשׂוֹן, אֶת יוֹם (הַשַּׁבָּת הַזֶּה וְאֶת יוֹם) חַג הַמַּצּוֹת הַזֶּה, וְאֶת יוֹם טוֹב מִקְרָא קֹדֶשׁ הַזֶּה, זְמַן חֵרוּתֵנוּ, (בְּאַהֲבָה) מִקְרָא קֹדֶשׁ,

זֵכֶר לִיצִיאַת מִצְרָיִם. כִּי בָנוּ בָחַרְתָּ וְאוֹתָנוּ קִדַּשְׁתָּ מִכָּל הָעַמִּים, (וְשַׁבָּת) וּמוֹעֲדֵי קָדְשֶׁךָ (בְּאַהֲבָה וּבְרָצוֹן) בְּשִׂמְחָה וּבְשָׂשׂוֹן הִנְחַלְתָּנוּ: בָּרוּךְ אַתָּה יְיָ, מְקַדֵּשׁ (הַשַּׁבָּת וְ) יִשְׂרָאֵל וְהַזְּמַנִּים:

На исходе субботы добавляют:

Смотрят на праздничные свечи, произнося следующее благословение:

בָּרוּךְ אַתָּה יְיָ, אֱלֹהֵינוּ מֶלֶךְ הָעוֹלָם, בּוֹרֵא מְאוֹרֵי הָאֵשׁ.

בָּרוּךְ אַתָּה יְיָ, אֱלֹהֵינוּ מֶלֶךְ הָעוֹלָם, הַמַּבְדִּיל בֵּין קֹדֶשׁ לְחוֹל, בֵּין אוֹר לְחֹשֶׁךְ, בֵּין יִשְׂרָאֵל לָעַמִּים, בֵּין יוֹם הַשְּׁבִיעִי לְשֵׁשֶׁת יְמֵי הַמַּעֲשֶׂה. בֵּין קְדֻשַּׁת שַׁבָּת לִקְדֻשַּׁת יוֹם טוֹב הִבְדַּלְתָּ, וְאֶת יוֹם הַשְּׁבִיעִי מִשֵּׁשֶׁת יְמֵי הַמַּעֲשֶׂה קִדַּשְׁתָּ, הִבְדַּלְתָּ וְקִדַּשְׁתָּ אֶת עַמְּךָ יִשְׂרָאֵל בִּקְדֻשָּׁתֶךָ: בָּרוּךְ אַתָּה יְיָ, הַמַּבְדִּיל בֵּין קֹדֶשׁ לְקֹדֶשׁ:

Тот, кто сказал שֶׁהֶחֱיָנוּ, зажигая праздничные свечи, это благословение не повторяет:

בָּרוּךְ אַתָּה יְיָ, אֱלֹהֵינוּ מֶלֶךְ הָעוֹלָם, שֶׁהֶחֱיָנוּ וְקִיְּמָנוּ וְהִגִּיעָנוּ לַזְּמַן הַזֶּה:

שׁוֹתֶה הַכּוֹס בִּישִׁיבָה בְּהֵסִיבַּת שְׂמֹאל דֶּרֶךְ חֵרוּת:

Садятся, опираются на левый локоть, и выпивают бокал до дна за один раз. Тот, кто не может допить до дна, должен выпить как минимум больше половины.

ורחץ וְנוֹטֵל יָדָיו וְאֵינוֹ מְבָרֵךְ:

Все присутствующие омывают руки следующим образом:

Возьмите в правую руку кружку с водой. Переложите ее в левую руку и трижды полейте из кружки правую кисть. Затем переложите кружку в правую руку и трижды полейте левую. Поливая левую руку, принято держать кружку через полотенце, стараясь избежать соприкосновения сухой и мокрой рук.

На левой руке принято оставлять немного воды от последнего обливания, а затем растереть ее двумя руками.

Насухо вытрите руки. Благословение עַל נְטִילַת יָדָיִם не произносят.

этого праздника опресноков, время нашего освобождения. Это (по любви Твоей) – священное торже-
ство в память об Исходе из Египта. Ибо нас избрал
Ты, и нас освятил из всех народов, и дал нам (субботу
и) священные праздники с любовью и благоволени-
ем, для радости и веселья. Благословен Ты, Господь,
освятивший (субботу и) Израиль и праздники.

На исходе субботы добавляют:

Смотрят на праздничные свечи, произнося следующее благословение:

ברוך Благословен Благословен Ты, Господь, Бог наш,
властелин вселенной, сотворивший свет огня.

ברוך Благословен Благословен Ты, Господь, Бог наш,
властелин вселенной, отделяющий святое от буднично-
го, свет от тьмы, Израиль от других народов, день
седьмой от шести дней творения. Ты различил между
святостью субботы и святостью праздника и освятил
седьмой день над шестью днями творения, Ты отличил
и освятил народ свой Израиль своей святостью. Благословен Ты, Господь, разделяющий между святым и
святым.

Тот, кто сказал *Шеѓехеяну*, зажигая праздничные свечи, это благословение не
повторяет:

ברוך Благословен Ты, Господь, Бог наш, властелин
вселенной, который дал нам дожить, просущество-
вать и достичь этого времени.

Садятся, опираются на левый локоть, и выпивают бокал до дна за один раз. Тот,
кто не может допить до дна, должен выпить как минимум больше половины.

Урхац

Все присутствующие омывают руки следующим образом:

Возьмите в правую руку кружку с водой. Переложите ее в левую руку и
трижды полейте из кружки правую кисть. Затем переложите кружку в
правую руку и трижды полейте левую. Поливая левую руку, принято
держать кружку через полотенце, стараясь избежать соприкосновения
сухой и мокрой рук.

На левой руке принято оставлять немного воды от последнего обливания,
а затем растереть ее двумя руками.

Насухо вытрите руки. Благословение *аль нетилат ядаим* не произносят.

*Кадеш
Урхац*

Кадеш

Все присутствующие наполняют свои бокалы полностью, так, чтобы вино слегка перелилось через край. Далее говорят:

אתקינו Приготовьте трапезу Божественному Властелину. Это трапеза Святого, благословен Он, и его *Шхины.*

Кидуш произносят стоя.

Возьмите бокал правой рукой, затем переложите его в левую и поставьте на правую ладонь. Бокал следует приподнять над столом не меньше чем на три *тефаха* (около 23 см); проследите, чтобы это правило соблюдалось всякий раз, когда во время *седера* поднимают бокал с вином. Транслитерация, стр. 66.

Глядя на праздничные свечи, говорят:

В пятницу вечером начинают здесь:

יום День шестой. И завершены были небо, земля и все их воинство. И закончил Бог ко дню седьмому свою работу, которую делал, и почил в день седьмой от всей работы, которую делал. И благословил Бог день седьмой и освятил его, ибо в этот день почил от всей работы своей, которую совершил Бог, созидая.

В другие дни *кидуш* начинают отсюда:

Смотрят на вино.

סברי Внимайте, господа!

ברוך Благословен Ты, Господь, Бог наш, властелин вселенной, творящий плод виноградной лозы.

В пятницу вечером добавляют слова в скобках:

ברוך Благословен Ты, Господь, Бог наш, властелин вселенной, избравший нас из всех народов, и возвысивший нас над всеми языками, и освятивший нас своими заповедями. По любви своей Ты даровал нам, Господь, Бог наш, (субботы для покоя и) праздники для веселья, торжественные дни и времена – на радость нам, (настоящую субботу и) день

כרפס נוטל פחות מכזית מכרפס ויטבול במי מלח או חומץ ויברך:

Берут меньше кезайт карпаса, окунают в соленую воду и произносят следующее благословение (нужно помнить, что оно распространяется на *марор* и *корех*):

בָּרוּךְ אַתָּה יְיָ, אֱלֹהֵינוּ מֶלֶךְ הָעוֹלָם, בּוֹרֵא פְּרִי הָאֲדָמָה:
יכוין להוציא גם המרור בברכה זו:

Едят *карпас*, не облокачиваясь.

יחץ ויקח מצה האמצעית ופורסה לשנים חלק אחד גדול מחבירו וחלק הגדול יניח לאפיקומן
והקטן מניח בין הב' מצות:

Переломите надвое среднюю мацу (не вынимая ее из под салфетки); один кусок должен быть больше другого. Разломайте больший кусок на пять частей, заверните в салфетку и отложите в качестве *афикомана*. Меньший кусок остается лежать между двумя целыми листами мацы.

מגיד ומגביה הקערה שיש בה המצות ויאמר:
Приоткрывают мацу и говорят:

הָא לַחְמָא עַנְיָא דִי אֲכָלוּ אַבְהָתָנָא בְּאַרְעָא דְמִצְרָיִם. כָּל דִכְפִין יֵיתֵי וְיֵיכוֹל, כָּל דִצְרִיךְ יֵיתֵי וְיִפְסַח. הָשַּׁתָּא הָכָא, לְשָׁנָה הַבָּאָה בְּאַרְעָא דְיִשְׂרָאֵל. הָשַּׁתָּא עַבְדִין, לְשָׁנָה הַבָּאָה בְּנֵי חוֹרִין:
Прикрывают салфеткой мацу.

Берут меньше *кезайт* карпаса, окунают в соленую воду и произносят следующее благословение (нужно помнить, что оно распространяется на *марор* и *корех*):

ברוך Благословен Ты, Господь, Бог наш, властелин вселенной, сотворивший плоды земли.

Едят *карпас*, не облокачиваясь.

Переломите надвое среднюю мацу (не вынимая ее из под салфетки); один кусок должен быть больше другого. Разломайте большой кусок на пять частей, заверните в салфетку и отложите в качестве *афикомана*. Меньший кусок остается лежать между двумя целыми листами мацы.

Приоткрывают мацу и говорят:

הא Вот хлеб бедности нашей, который ели отцы наши в земле египетской. Каждый, кто голоден, пусть придет и ест. Каждый, кто нуждается, пусть придет и участвует в пасхальном *седере*. В этом году – здесь, в будущем году – на Земле Израиля. В этом году – рабы, в следующем году – свободные люди.

Прикрывают салфеткой мацу.

מסלקין הקערה עם המצות לצד אחר ומוזגין לו כוס ב' וכאן הבן שואל מה נשתנה:

Наполняют вином второй бокал и ребенок спрашивает: מַה נִּשְׁתַּנָּה. После того как ребенок (или все дети) закончили, принято, чтобы все присутствующие повторили מַה נִּשְׁתַּנָּה вполголоса.

Для обычной версии идиш, см. стр. 62

מַה נִּשְׁתַּנָּה הַלַּיְלָה הַזֶּה מִכָּל הַלֵּילוֹת.

שֶׁבְּכָל הַלֵּילוֹת אֵין אָנוּ מַטְבִּילִין אֲפִילוּ פַּעַם אֶחָת הַלַּיְלָה הַזֶּה שְׁתֵּי פְעָמִים:

שֶׁבְּכָל הַלֵּילוֹת אָנוּ אוֹכְלִין חָמֵץ אוֹ מַצָּה, הַלַּיְלָה הַזֶּה כֻּלּוֹ מַצָּה:

שֶׁבְּכָל הַלֵּילוֹת אָנוּ אוֹכְלִין שְׁאָר יְרָקוֹת, הַלַּיְלָה הַזֶּה מָרוֹר:

שֶׁבְּכָל הַלֵּילוֹת אָנוּ אוֹכְלִין בֵּין יוֹשְׁבִין וּבֵין מְסֻבִּין, הַלַּיְלָה הַזֶּה כֻּלָּנוּ מְסֻבִּין:

ומחזירין הקערה ומגלין מקצת הפת ואומרים עבדים וכו':

Частично приоткрывают мацу и произносят:

עֲבָדִים הָיִינוּ לְפַרְעֹה בְּמִצְרַיִם, וַיּוֹצִיאֵנוּ יְיָ אֱלֹהֵינוּ מִשָּׁם בְּיָד חֲזָקָה וּבִזְרֹעַ נְטוּיָה, וְאִלּוּ לֹא הוֹצִיא הַקָּדוֹשׁ בָּרוּךְ הוּא אֶת אֲבוֹתֵינוּ מִמִּצְרַיִם, הֲרֵי אָנוּ וּבָנֵינוּ וּבְנֵי בָנֵינוּ מְשֻׁעְבָּדִים הָיִינוּ לְפַרְעֹה בְּמִצְרָיִם. וַאֲפִילוּ כֻּלָּנוּ חֲכָמִים כֻּלָּנוּ נְבוֹנִים כֻּלָּנוּ יוֹדְעִים אֶת הַתּוֹרָה, מִצְוָה עָלֵינוּ לְסַפֵּר בִּיצִיאַת מִצְרָיִם, וְכָל הַמַּרְבֶּה לְסַפֵּר בִּיצִיאַת מִצְרַיִם הֲרֵי זֶה מְשֻׁבָּח:

מַעֲשֶׂה בְּרַבִּי אֱלִיעֶזֶר וְרַבִּי יְהוֹשֻׁעַ וְרַבִּי אֶלְעָזָר בֶּן עֲזַרְיָה וְרַבִּי עֲקִיבָא וְרַבִּי טַרְפוֹן, שֶׁהָיוּ מְסֻבִּים בִּבְנֵי בְרַק, וְהָיוּ מְסַפְּרִים בִּיצִיאַת מִצְרַיִם כָּל

מַגִּיד

Наполняют вином второй бокал и ребенок спрашивает: «Чем отличается...». После того как ребенок (или все дети) закончили, принято, чтобы все присутствующие повторили «Чем отличается...» вполголоса.

Транслитерация, стр. 66.

מה Чем отличается эта ночь от всех других ночей?

Почему во все ночи мы ни разу не обмакиваем (пищу в соленую воду), а в эту ночь – дважды?

Почему во все ночи мы едим и хамец, и мацу, а в эту ночь – только мацу?

Почему во все ночи мы едим разную зелень, а в эту ночь – горькую зелень (*марор*)?

Почему во все ночи мы едим сидя или облокотившись, а в эту ночь – только облокотившись?

Частично приоткрывают мацу и произносят:

עבדים Рабами были мы у деспотичного фараона в Египте, откуда ни один раб не мог убежать, и Господь, Бог наш, вывел нас оттуда рукою крепкой и мышцей простертой. И если бы Святой, Благословен Он, не вывел наших предков из Египта, тогда древний Египет и фараоны никогда бы не рухнули, то мы с детьми и внуками нашими были бы рабами у фараона в Египте. И хотя все мы мудры, все мы разумны, все мы сведущи в Торе, на каждом из нас лежит обязанность рассказывать об Исходе из Египта. И всякий, кто преумножает повествование об Исходе из Египта, достоин похвалы.

מעשה Вот что случилось однажды с рабби Элиэзером, рабби Йеѓошуа, рабби Эльазаром бен Азарьей, рабби Акивой и рабби Тарфоном, когда они восседали (на *седер*) в Бней Браке. Они рассказывали, обсуждая Исход из Египта, всю ночь,

אוֹתוֹ הַלַּיְלָה, עַד שֶׁבָּאוּ תַלְמִידֵיהֶם וְאָמְרוּ לָהֶם:
רַבּוֹתֵינוּ, הִגִּיעַ זְמַן קְרִיאַת שְׁמַע שֶׁל שַׁחֲרִית:

אָמַר רַבִּי אֶלְעָזָר בֶּן עֲזַרְיָה: הֲרֵי אֲנִי כְּבֶן שִׁבְעִים
שָׁנָה, וְלֹא זָכִיתִי שֶׁתֵּאָמֵר יְצִיאַת מִצְרַיִם
בַּלֵּילוֹת, עַד שֶׁדְּרָשָׁהּ בֶּן זוֹמָא, שֶׁנֶּאֱמַר: לְמַעַן תִּזְכֹּר
אֶת יוֹם צֵאתְךָ מֵאֶרֶץ מִצְרַיִם כֹּל יְמֵי חַיֶּיךָ. יְמֵי חַיֶּיךָ
הַיָּמִים, כֹּל יְמֵי חַיֶּיךָ לְהָבִיא הַלֵּילוֹת. וַחֲכָמִים
אוֹמְרִים: יְמֵי חַיֶּיךָ הָעוֹלָם הַזֶּה, כֹּל יְמֵי חַיֶּיךָ לְהָבִיא
לִימוֹת הַמָּשִׁיחַ:

בָּרוּךְ הַמָּקוֹם, בָּרוּךְ הוּא, בָּרוּךְ שֶׁנָּתַן תּוֹרָה לְעַמּוֹ
יִשְׂרָאֵל, בָּרוּךְ הוּא, כְּנֶגֶד אַרְבָּעָה בָנִים
דִּבְּרָה תוֹרָה: אֶחָד חָכָם, וְאֶחָד רָשָׁע, וְאֶחָד תָּם,
וְאֶחָד שֶׁאֵינוֹ יוֹדֵעַ לִשְׁאוֹל:

חָכָם מָה הוּא אוֹמֵר: מָה הָעֵדֹת וְהַחֻקִּים
וְהַמִּשְׁפָּטִים אֲשֶׁר צִוָּה יְיָ אֱלֹהֵינוּ אֶתְכֶם.
וְאַף אַתָּה אֱמָר לוֹ כְּהִלְכוֹת הַפֶּסַח, אֵין מַפְטִירִין
אַחַר הַפֶּסַח אֲפִיקוֹמָן:

רָשָׁע מָה הוּא אוֹמֵר: מָה הָעֲבֹדָה הַזֹּאת לָכֶם.
לָכֶם וְלֹא לוֹ, וּלְפִי שֶׁהוֹצִיא אֶת עַצְמוֹ מִן
הַכְּלָל, כָּפַר בְּעִקָּר. וְאַף אַתָּה הַקְהֵה אֶת שִׁנָּיו
וֶאֱמָר לוֹ: בַּעֲבוּר זֶה עָשָׂה יְיָ לִי בְּצֵאתִי מִמִּצְרַיִם,
לִי וְלֹא לוֹ, אִלּוּ הָיָה שָׁם לֹא הָיָה נִגְאָל:

תָּם מָה הוּא אוֹמֵר: מָה זֹּאת, וְאָמַרְתָּ אֵלָיו: בְּחֹזֶק
יָד הוֹצִיאָנוּ יְיָ מִמִּצְרַיִם מִבֵּית עֲבָדִים:

пока не пришли их ученики и не сказали им: учителя наши, настало время читать утреннее *Шма*.

אמר Рабби Эльазар бен Азарья заметил: я подобен мужу семидесяти лет, но я не сподобился объяснить смысл того, что об Исходе из Египта рассказывают по ночам, пока Бен Зома не растолковал этого. Ведь сказано: «Чтобы помнил ты день Исхода твоего из земли египетской *во все дни жизни твоей*». «Дни жизни твоей» – это только дни, «все дни жизни твоей» – также и ночи. А мудрецы говорят: «Дни жизни твоей» – в мире этом, «все дни жизни твоей» – и после прихода Машиаха.

ברוך Благословен Вездесущий! Благословен Он! Благословен давший учение (Тору) народу Своему! Благословен Он! О четырех сыновьях говорит Тора: один – мудрый, один – нечестивый, один – простодушный и один – неспособный задавать вопросы.

חכם «Мудрый» – о чем он спрашивает? «*Что это за свидетельства, правила и законы, которые заповедал вам Господь, Бог наш?*» «Что это за свидетельства, правила и законы, которые заповедал вам Господь, Бог наш?» Ответь ему, как заповедано в Торе: «Рабами были мы… и т.д.», и объясни ему все законы *Песаха* вплоть до законов конца *седера*: что после вкушения *афикомана* ничего более не едят (чтобы не заглушить вкус собственно пасхального жертвоприношения).

רשע «Нечестивый» – о чем он спрашивает? «*Что это за служба у вас?*». «У вас», а не у него! Исключая себя из общины Израиля, он отвергает основы (еврейской) веры – (необходимость исполнять заповеди Торы). А ты еще притупи его зубы (дай ему резкий отпор) и скажи ему: «*Это ради того, (что я буду исполнять заповеди, например пасхального жертвоприношения, о маце и мароре), Господь совершил (все это) для меня при выходе моем из Египта*». «Для меня» – а не для него. Будь он там – не был бы вызволен.

תם «Простодушный» – о чем он спрашивает? «*Что это (за праздник)?*» Ему ты скажи: «(Мы празднуем его в память о том, что) сильной рукой вывел нас Господь из Египта, из дома рабов».

30

וְשֶׁאֵינוֹ יוֹדֵעַ לִשְׁאוֹל, אַתְּ פְּתַח לוֹ, שֶׁנֶּאֱמַר:
וְהִגַּדְתָּ לְבִנְךָ בַּיּוֹם הַהוּא לֵאמֹר: בַּעֲבוּר
זֶה עָשָׂה יְיָ לִי בְּצֵאתִי מִמִּצְרָיִם:

יָכוֹל מֵרֹאשׁ חֹדֶשׁ, תַּלְמוּד לוֹמַר: בַּיּוֹם הַהוּא. אִי
בַּיּוֹם הַהוּא, יָכוֹל מִבְּעוֹד יוֹם, תַּלְמוּד לוֹמַר:
בַּעֲבוּר זֶה, בַּעֲבוּר זֶה לֹא אָמַרְתִּי אֶלָּא בְּשָׁעָה שֶׁיֵּשׁ
מַצָּה וּמָרוֹר מֻנָּחִים לְפָנֶיךָ:

מִתְּחִלָּה עוֹבְדֵי עֲבוֹדָה זָרָה הָיוּ אֲבוֹתֵינוּ, וְעַכְשָׁו
קֵרְבָנוּ הַמָּקוֹם לַעֲבֹדָתוֹ, שֶׁנֶּאֱמַר: וַיֹּאמֶר
יְהוֹשֻׁעַ אֶל כָּל הָעָם, כֹּה אָמַר יְיָ אֱלֹהֵי יִשְׂרָאֵל:
בְּעֵבֶר הַנָּהָר יָשְׁבוּ אֲבוֹתֵיכֶם מֵעוֹלָם, תֶּרַח אֲבִי
אַבְרָהָם וַאֲבִי נָחוֹר, וַיַּעַבְדוּ אֱלֹהִים אֲחֵרִים:

וָאֶקַּח אֶת אֲבִיכֶם אֶת אַבְרָהָם מֵעֵבֶר הַנָּהָר,
וָאוֹלֵךְ אוֹתוֹ בְּכָל אֶרֶץ כְּנָעַן, וָאַרְבֶּה אֶת
זַרְעוֹ וָאֶתֶּן לוֹ אֶת יִצְחָק: וָאֶתֵּן לְיִצְחָק אֶת יַעֲקֹב
וְאֶת עֵשָׂו, וָאֶתֵּן לְעֵשָׂו אֶת הַר שֵׂעִיר לָרֶשֶׁת אוֹתוֹ,
וְיַעֲקֹב וּבָנָיו יָרְדוּ מִצְרָיִם:

בָּרוּךְ שׁוֹמֵר הַבְטָחָתוֹ לְיִשְׂרָאֵל, בָּרוּךְ הוּא,
שֶׁהַקָּדוֹשׁ בָּרוּךְ הוּא חִשַּׁב אֶת הַקֵּץ
לַעֲשׂוֹת כְּמָה שֶׁאָמַר לְאַבְרָהָם אָבִינוּ בִּבְרִית בֵּין
הַבְּתָרִים, שֶׁנֶּאֱמַר: וַיֹּאמֶר לְאַבְרָם: יָדֹעַ תֵּדַע כִּי גֵר
יִהְיֶה זַרְעֲךָ בְּאֶרֶץ לֹא לָהֶם, וַעֲבָדוּם וְעִנּוּ אֹתָם,
אַרְבַּע מֵאוֹת שָׁנָה: וְגַם אֶת הַגּוֹי אֲשֶׁר יַעֲבֹדוּ דָּן
אָנֹכִי, וְאַחֲרֵי כֵן יֵצְאוּ בִּרְכֻשׁ גָּדוֹל:

ושאינו А неспособному задавать вопросы – начни сам объяснение, как сказано в Торе: «И скажи сыну твоему в тот день. Вот, ради чего Господь совершил со мной (чудеса) при выходе моем из Египта».

יכול Можно было бы подумать, что обязанность рассказывать об Исходе следует с начала месяца *нисан*, то есть с того дня, когда Моше объяснил сынам Израиля законы *Песаха*. Но в Торе сказано: «Скажи сыну своему в тот день» (то есть в тот день, о котором говорится в стихе, – 15 *нисана*). Если «в тот день», то разве не в течение дня (14 *нисана* мы готовимся к исполнению заповедей *Песаха*)? Но ведь в Торе сказано еще, что ты должен сказать своему сыну «ради этого» (ради исполнения заповедей, связанных с *Песахом*, Всевышний спас нас из Египта), то есть когда перед тобой лежат маца и горькая зелень (в ночь *седера*, когда мы эти заповеди исполняем).

מתחלה Сначала предки наши Терах, отец Авраама и ранние поколения были идолопоклонниками, а теперь Вездесущий приблизил весь народ к служению Себе, ибо сказано: «И сказал Йеѓошуа всему народу: Так сказал Господь, Бог Израиля: за рекой (Евфрат) жили отцы ваши издревле, Терах, отец Авраѓама и отец Нахора, и служили божествам иным».

ואקח Но Я взял отца вашего Авраѓама, из-за реки той, и водил его по всей земле Кнаан, и размножил семя его, и дал ему Ицхака. И дал я Ицхаку Яакова и Эсава. И дал Я Эйсаву гору Сеир для владения ею, Яаков же и сыны его снизошли в Египет.

ברוך Благословен хранящий Свое обетование Израилю, благословен Он. Ибо Всесвятой высчитал, когда придет конец (изгнанию), как сказал Он Авраѓаму, отцу нашему, во время заключения Завета между рассеченными жертвенными животными, как сказано: «И сказал Он Авраѓаму: знай, что пришельцами будут потомки твои в земле не своей, и поработят их, и будут угнетать их четыреста лет. Но и над народом, которому они служить будут, произведу Я суд, а после они выйдут с большим имуществом»

צריך להגביה הכום ולכסות הפת כן כתב האר"י ז"ל:

Произнося этот отрывок, закрывают мацу и поднимают бокал, как во время кидуша.

וְהִיא שֶׁעָמְדָה לַאֲבוֹתֵינוּ וְלָנוּ, שֶׁלֹּא אֶחָד
בִּלְבַד עָמַד עָלֵינוּ לְכַלּוֹתֵנוּ אֶלָּא שֶׁבְּכָל
דּוֹר וָדוֹר עוֹמְדִים עָלֵינוּ לְכַלּוֹתֵנוּ, וְהַקָּדוֹשׁ
בָּרוּךְ הוּא מַצִּילֵנוּ מִיָּדָם: יעמיד הכום ויגלה הפת:

Ставят бокал на стол, открывают мацу.

צֵא וּלְמַד מַה בִּקֵּשׁ לָבָן הָאֲרַמִּי לַעֲשׂוֹת לְיַעֲקֹב
אָבִינוּ, שֶׁפַּרְעֹה לֹא גָזַר אֶלָּא עַל הַזְּכָרִים,
וְלָבָן בִּקֵּשׁ לַעֲקוֹר אֶת הַכֹּל, שֶׁנֶּאֱמַר: אֲרַמִּי אֹבֵד
אָבִי, וַיֵּרֶד מִצְרַיְמָה וַיָּגָר שָׁם בִּמְתֵי מְעָט, וַיְהִי
שָׁם לְגוֹי גָּדוֹל עָצוּם וָרָב:

וַיֵּרֶד מִצְרַיְמָה, אָנוּס עַל פִּי הַדִּבּוּר:

וַיָּגָר שָׁם, מְלַמֵּד שֶׁלֹּא יָרַד יַעֲקֹב אָבִינוּ
לְהִשְׁתַּקֵּעַ בְּמִצְרַיִם אֶלָּא לָגוּר שָׁם, שֶׁנֶּאֱמַר: וַיֹּאמְרוּ
אֶל פַּרְעֹה לָגוּר בָּאָרֶץ בָּאנוּ, כִּי אֵין מִרְעֶה לַצֹּאן
אֲשֶׁר לַעֲבָדֶיךָ, כִּי כָבֵד הָרָעָב בְּאֶרֶץ כְּנָעַן, וְעַתָּה
יֵשְׁבוּ נָא עֲבָדֶיךָ בְּאֶרֶץ גֹּשֶׁן:

בִּמְתֵי מְעָט, כְּמָה שֶׁנֶּאֱמַר: בְּשִׁבְעִים נֶפֶשׁ יָרְדוּ
אֲבֹתֶיךָ מִצְרָיְמָה, וְעַתָּה שָׂמְךָ יְיָ אֱלֹהֶיךָ כְּכוֹכְבֵי
הַשָּׁמַיִם לָרֹב:

וַיְהִי שָׁם לְגוֹי, מְלַמֵּד שֶׁהָיוּ יִשְׂרָאֵל מְצֻיָּנִים שָׁם:

גָּדוֹל עָצוּם, כְּמָה שֶׁנֶּאֱמַר: וּבְנֵי יִשְׂרָאֵל פָּרוּ

Произнося этот отрывок, закрывают мацу и поднимают бокал, как во время кидуша. Транслитерация, стр. 67.

וְהִיא Он-то (этот древний обет) укреплял отцов наших и нас, ибо не один только (враг, то есть фараон) восставал против нас, чтобы погубить нас, но в каждом поколении восстают против нас желающие нас погубить, однако Святой, благословен Он, спасает нас от их руки.

Ставят бокал на стол, открывают мацу.

צֵא Иди и узнай, что хотел сделать Лаван-арамеец отцу нашему Яакову: Фараон повелел истребить только евреев мужского пола (новорожденных мальчиков), а Лаван хотел искоренить всех, как сказано: «Арамеянин (Лаван) – губитель отца моего. **И спустился (Яаков) в Египет, и проживал там, как пришелец, с малым семейством, и стал там народом великим, могучим и многочисленным**».

И спустился он в Египет – принужденный Божьим словом (пророчеством Всевышнего Авраѓаму).

«и проживал там» – это учит нас, что Яаков, отец наш, не отправился в Египет, чтобы жить там постоянно, а только чтобы пожить некоторое время, как сказано: «Мы пришли пожить в этой стране, – сказали они фараону, – так как нет пастбищ для овец рабов твоих, ибо тяжел голод в земле Ханаанской. А теперь позволь поселиться рабам твоим в земле Гошен».

С горсткой людей – как сказано: «Когда сошли отцы твои в Египет, их насчитывалось семьдесят душ, а ныне сделал тебя Господь, Бог твой, многочисленным, как звезды небесные».

«И стал там народом...» – Видно, что израильтяне там отличались (сохранили еврейский язык, имена, религию и одежду).

Великим и могучим – как сказано: «И сыны Израиля расплодились (у них не было выкидышей и

וַיִּשְׁרְצוּ וַיִּרְבּוּ וַיַּעַצְמוּ בִּמְאֹד מְאֹד וַתִּמָּלֵא הָאָרֶץ
אֹתָם:

וָרָב, כְּמָה שֶׁנֶּאֱמַר: וָאֶעֱבֹר עָלַיִךְ וָאֶרְאֵךְ
מִתְבּוֹסֶסֶת בְּדָמָיִךְ, וָאֹמַר לָךְ בְּדָמַיִךְ חֲיִי, וָאֹמַר לָךְ
בְּדָמַיִךְ חֲיִי: רְבָבָה כְּצֶמַח הַשָּׂדֶה נְתַתִּיךְ, וַתִּרְבִּי
וַתִּגְדְּלִי וַתָּבֹאִי בַּעֲדִי עֲדָיִים, שָׁדַיִם נָכֹנוּ וּשְׂעָרֵךְ
צִמֵּחַ, וְאַתְּ עֵרֹם וְעֶרְיָה:

וַיָּרֵעוּ אֹתָנוּ הַמִּצְרִים וַיְעַנּוּנוּ, וַיִּתְּנוּ עָלֵינוּ עֲבֹדָה
קָשָׁה:

וַיָּרֵעוּ אֹתָנוּ הַמִּצְרִים, כְּמָה שֶׁנֶּאֱמַר: הָבָה
נִתְחַכְּמָה לוֹ, פֶּן יִרְבֶּה, וְהָיָה כִּי תִקְרֶאנָה מִלְחָמָה,
וְנוֹסַף גַּם הוּא עַל שֹׂנְאֵינוּ, וְנִלְחַם בָּנוּ וְעָלָה מִן
הָאָרֶץ:

וַיְעַנּוּנוּ, כְּמָה שֶׁנֶּאֱמַר: וַיָּשִׂימוּ עָלָיו שָׂרֵי מִסִּים
לְמַעַן עַנֹּתוֹ בְּסִבְלֹתָם, וַיִּבֶן עָרֵי מִסְכְּנוֹת לְפַרְעֹה, אֶת
פִּתֹם וְאֶת רַעַמְסֵס:

וַיִּתְּנוּ עָלֵינוּ עֲבֹדָה קָשָׁה, כְּמָה שֶׁנֶּאֱמַר: וַיַּעֲבִדוּ
מִצְרַיִם אֶת בְּנֵי יִשְׂרָאֵל בְּפָרֶךְ: וַיְמָרְרוּ אֶת חַיֵּיהֶם
בַּעֲבֹדָה קָשָׁה בְּחֹמֶר וּבִלְבֵנִים וּבְכָל עֲבֹדָה בַּשָּׂדֶה,
אֵת כָּל עֲבֹדָתָם אֲשֶׁר עָבְדוּ בָהֶם בְּפָרֶךְ:

וַנִּצְעַק אֶל יְיָ אֱלֹהֵי אֲבֹתֵינוּ, וַיִּשְׁמַע יְיָ אֶת
קֹלֵנוּ, וַיַּרְא אֶת עָנְיֵנוּ וְאֶת עֲמָלֵנוּ וְאֶת
לַחֲצֵנוּ:

детской смертности), и размножились (рожали шестерых близнецов сразу), и возросли, и усилились чрезвычайно, и наполнилась ими Земля та».

«И многочисленным» – как сказано (в отрывке, где Израиль в Египте сравнивается с новорожденным): «А Я проходил мимо тебя, и Я увидел тебя, попранную, в крови твоей (от египетских истязаний), и Я сказал тебе: "В крови твоей живи!" (Чем больше египтяне вас угнетают, тем многочисленней вы становитесь.) И Я сказал тебе: "В крови твоей живи!" Быстрый рост, как растению полевому, Я даровал тебе. И ты множилась, росла (достигла возраста невесты) и явилась в драгоценных украшениях; груди твои сформировались (намек на Моше и Аѓарона, готовых освободить тебя), волосы отросли (конец Изгнания близок), но ты была нага и непокрыта (в рваных одеждах Изгнания, "нагая" от заповедей и заслуг, которыми могла бы заслужить избавление)».

וירעו «И скверно поступили с нами египтяне, и изнуряли нас, и возлагали на нас работу тяжкую».

«И скверно поступили с нами египтяне», как сказано: «Давай перехитрим его, чтобы он не размножался, иначе, когда случится война, присоединится и он к неприятелям нашим, и будет воевать против нас, и выйдет из страны».

«И изнуряли нас», как сказано: «И поставили над ним начальников повинностей, чтобы изнуряли его тяжкими работами. И он построил города – хранилища для фараона, Питом и Раамсес».

«И возлагали на нас работу тяжкую», как сказано: «И поработили египтяне сынов Израилевых тяжкой работой». "Невыносимой сделали жизнь их, безжалостно принуждая трудом с глиной и кирпичами, всеми видами работы в поле и всякой другой работою, к какой жестоко заставляли.

ונצעק «И возопили мы к Господу Богу отцов наших, и Господь услышал голос наш, и увидел бедствие наше, и страдания наши, и угнетение наше».

וַנִּצְעַק אֶל יְיָ אֱלֹהֵי אֲבֹתֵינוּ, כְּמָה שֶׁנֶּאֱמַר:
וַיְהִי בַיָּמִים הָרַבִּים הָהֵם וַיָּמָת מֶלֶךְ מִצְרַיִם, וַיֵּאָנְחוּ
בְנֵי יִשְׂרָאֵל מִן הָעֲבֹדָה וַיִּזְעָקוּ, וַתַּעַל שַׁוְעָתָם אֶל
הָאֱלֹהִים מִן הָעֲבֹדָה:

וַיִּשְׁמַע יְיָ אֶת קֹלֵנוּ, כְּמָה שֶׁנֶּאֱמַר: וַיִּשְׁמַע
אֱלֹהִים אֶת נַאֲקָתָם, וַיִּזְכֹּר אֱלֹהִים אֶת בְּרִיתוֹ אֶת
אַבְרָהָם אֶת יִצְחָק וְאֶת יַעֲקֹב:

וַיַּרְא אֶת עָנְיֵנוּ, זוֹ פְּרִישׁוּת דֶּרֶךְ אֶרֶץ, כְּמָה
שֶׁנֶּאֱמַר: וַיַּרְא אֱלֹהִים אֶת בְּנֵי יִשְׂרָאֵל, וַיֵּדַע אֱלֹהִים:

וְאֶת עֲמָלֵנוּ, אֵלּוּ הַבָּנִים, כְּמָה שֶׁנֶּאֱמַר: כָּל הַבֵּן
הַיִּלּוֹד הַיְאֹרָה תַּשְׁלִיכֻהוּ, וְכָל הַבַּת תְּחַיּוּן:

וְאֶת לַחֲצֵנוּ, זֶה הַדְּחַק, כְּמָה שֶׁנֶּאֱמַר: וְגַם
רָאִיתִי אֶת הַלַּחַץ אֲשֶׁר מִצְרַיִם לֹחֲצִים אֹתָם:

וַיּוֹצִיאֵנוּ יְיָ מִמִּצְרַיִם בְּיָד חֲזָקָה וּבִזְרֹעַ נְטוּיָה
וּבְמֹרָא גָּדֹל וּבְאֹתוֹת וּבְמֹפְתִים:

וַיּוֹצִאֵנוּ יְיָ מִמִּצְרַיִם, לֹא עַל יְדֵי מַלְאָךְ וְלֹא
עַל יְדֵי שָׂרָף וְלֹא עַל יְדֵי שָׁלִיחַ, אֶלָּא הַקָּדוֹשׁ בָּרוּךְ
הוּא בִּכְבוֹדוֹ וּבְעַצְמוֹ, שֶׁנֶּאֱמַר: וְעָבַרְתִּי בְאֶרֶץ
מִצְרַיִם בַּלַּיְלָה הַזֶּה, וְהִכֵּיתִי כָל בְּכוֹר בְּאֶרֶץ מִצְרַיִם
מֵאָדָם וְעַד בְּהֵמָה, וּבְכָל אֱלֹהֵי מִצְרַיִם אֶעֱשֶׂה
שְׁפָטִים, אֲנִי יְיָ: וְעָבַרְתִּי בְאֶרֶץ מִצְרַיִם, אֲנִי וְלֹא
מַלְאָךְ. וְהִכֵּיתִי כָל בְּכוֹר בְּאֶרֶץ מִצְרַיִם, אֲנִי וְלֹא
שָׂרָף. וּבְכָל אֱלֹהֵי מִצְרַיִם אֶעֱשֶׂה שְׁפָטִים, אֲנִי וְלֹא
הַשָּׁלִיחַ. אֲנִי יְיָ, אֲנִי הוּא וְלֹא אַחֵר:

«**И возопили мы к Господу Богу отцов наших**», как сказано: «И было, спустя долгое время умер египетский властелин. И стенали сыны Израиля от работы, и взывали к Богу; и вопль их, измученных от тяжкой работы, восшел к Богу».

«**И Господь услышал голос наш**», как сказано: «И услышал Бог стенания их, и вспомнил Бог завет Свой с Авраѓамом, Ицхаком и с Яаковом».

И увидел бедствие наше – это воздержание от «обычая страны», как сказано: «И увидел Бог сынов Израиля, и признал их Бог».

«**Труды**» – это сказано про сыновей, как сказано: «Всякого новорожденного сына бросайте в реку, а всякую дочь оставляйте в живых».

«**И страдания наши**» – это сильное притеснение, как сказано: «И увидел я сильный гнет, коим египтяне притесняют их». Труды наши – это сказано про сыновей.

ויוציאנו «**И вывел нас Господь из Египта рукою крепкою, и мышцей простертою, и ужасом великим, и знамениями, и чудесами**».

«**И вывел нас Господь из Египта...**» – не с помощью ангела, не с помощью сарафа (огненного ангела карающего) и не через посланца, а сам Пресвятой, благословен Он, как сказано: «Я пройду по земле египетской в эту ночь, и поражу всякого первенца в земле египетской от человека до скота (ибо египтяне обожествляли животных), и над всеми богами египтян совершу Я суд (их деревянные идолы сгнили, каменные – расплавились); Я – Господь». Я пройду по земле Египетской в ту ночь... – Я, а не ангел; «и поражу всякого первенца в земле Египетской от человека до скота...» – Я, а не сараф. «...*и над всеми богами египтян совершу расправу...*»– Я, а не посланец; «Я Господь...» – это Я, а никто другой.

בְּיָד חֲזָקָה, זֶה הַדֶּבֶר, כְּמָה שֶׁנֶּאֱמַר: הִנֵּה יַד יְיָ
הוֹיָה בְּמִקְנְךָ אֲשֶׁר בַּשָּׂדֶה, בַּסּוּסִים בַּחֲמֹרִים
בַּגְּמַלִּים בַּבָּקָר וּבַצֹּאן, דֶּבֶר כָּבֵד מְאֹד:

וּבִזְרֹעַ נְטוּיָה, זוֹ הַחֶרֶב, כְּמָה שֶׁנֶּאֱמַר: וְחַרְבּוֹ
שְׁלוּפָה בְּיָדוֹ נְטוּיָה עַל יְרוּשָׁלָיִם:

וּבְמֹרָא גָּדֹל, זֶה גִּלּוּי שְׁכִינָה, כְּמָה שֶׁנֶּאֱמַר: אוֹ
הֲנִסָּה אֱלֹהִים לָבוֹא לָקַחַת לוֹ גוֹי מִקֶּרֶב גּוֹי בְּמַסֹּת
בְּאֹתֹת וּבְמוֹפְתִים וּבְמִלְחָמָה וּבְיָד חֲזָקָה וּבִזְרוֹעַ
נְטוּיָה וּבְמוֹרָאִים גְּדֹלִים, כְּכֹל אֲשֶׁר עָשָׂה לָכֶם יְיָ
אֱלֹהֵיכֶם בְּמִצְרַיִם לְעֵינֶיךָ:

וּבְאֹתוֹת, זֶה הַמַּטֶּה, כְּמָה שֶׁנֶּאֱמַר: וְאֶת הַמַּטֶּה
הַזֶּה תִּקַּח בְּיָדֶךָ, אֲשֶׁר תַּעֲשֶׂה בּוֹ אֶת הָאֹתֹת:

וּבְמוֹפְתִים, זֶה הַדָּם, כְּמָה שֶׁנֶּאֱמַר: וְנָתַתִּי
מוֹפְתִים בַּשָּׁמַיִם וּבָאָרֶץ—

באמירת דם ואש ותמרות עשן ישפוך ג' שפיכות ואין ליטול באצבע לשפוך כ"א בכוס עצמו
וישפוך לתוך כלי שבור (וכיון שהכוס הוא סוד המלכות ושופך מהיין שבתוכו סוד האף והזעם
שבה ע"י כח הבינה לתוך כלי שבור סוד הקליפה שנקראת ארור):

Произнося слова דָּם, וָאֵשׁ, וְתִימְרוֹת עָשָׁן, трижды выплескивают немного вина из
бокала – по капле при произнесении каждого слова, лучше всего в треснутое
блюдце (в Хабаде не принято отливать вино, окуная в него палец). Имейте в
виду, что пролитое вино представляет казни, упомянутые здесь. Оставшееся
вино считается «вином, приносящим радость».

דָּם וָאֵשׁ וְתִימְרוֹת עָשָׁן:

דָּבָר אַחֵר: בְּיָד חֲזָקָה שְׁתַּיִם, וּבִזְרֹעַ נְטוּיָה שְׁתַּיִם,
וּבְמֹרָא גָּדֹל שְׁתַּיִם, וּבְאֹתוֹת שְׁתַּיִם,
וּבְמוֹפְתִים שְׁתַּיִם:

«Рукою крепкою» – то есть мором, как сказано: «Вот рука Господня будет на скоте твоем, который в поле, на конях, ослах, верблюдах, крупном и мелком скоте, **мор** очень тяжкий».

«И мышцей простертою» – **то есть мечом, как сказано: «И обнаженный меч** в руке его, **простертой** над Иерусалимом».

«И страхом великим» – то есть явным Божественным присутствием (во время казни первенцев и Избавления), как сказано: «Разве было еще когда-то, чтобы явилось божество взять себе народ из среды народов испытаниями, знамениями, и чудесами, и войною, и рукою крепкою, и мышцею простертою, и ужасами великими, как все, что сделал для вас Господь ваш в Египте перед твоими глазами».

«И знамениями» – то есть посохом Моше, как сказано: «Посох этот возьми в руку свою, чтобы им творить знамения».

«И чудесами» – это кровью, как сказано: «И дам я чудеса на небе и на земле:

Произнося слова «кровь, и огонь, и столбы дыма», трижды выплескивают немного вина из бокала – по капле при произнесении каждого слова, лучше всего в треснутое блюдце (в Хабаде не принято отливать вино, окуная в него палец). Имейте в виду, что пролитое вино представляет казни, упомянутые здесь. Оставшееся вино считается «вином, приносящим радость».

דם Кровь, и огонь, и столбы дыма.

דבר Другое толкование: «Крепкою рукою...» – две казни; «мышцей простертой...» – две казни; «великое откровение» – две казни; «знамениями» – во множественном числе – две казни; и «чудесами» – две казни.

אֵלּוּ עֶשֶׂר מַכּוֹת שֶׁהֵבִיא הַקָּדוֹשׁ בָּרוּךְ הוּא עַל הַמִּצְרִים בְּמִצְרַיִם, וְאֵלּוּ הֵן:

באמירת עשר מכות ישפוך עשר שפיכות מהכום עצמו כנ"ל (ויכוין בשפיכה גם כן כנ"ל) ומה שנשאר בכום (נעשה סוד יין המשמח לכך) לא ישפוך אלא יוסיף יין:

Перечисляя казни, при упоминании каждой из них отливают по капле вина в треснутое блюдце и при этом помнят о вышеизложенном:

דָּם, צְפַרְדֵּעַ, כִּנִּים, עָרוֹב, דֶּבֶר, שְׁחִין, בָּרָד, אַרְבֶּה, חֹשֶׁךְ, מַכַּת בְּכוֹרוֹת:

רַבִּי יְהוּדָה הָיָה נוֹתֵן בָּהֶם סִמָּנִים:

Произнося каждую из этих аббревиатур, отливают вино в треснутое блюдце, при этом вспоминают об упомянутом выше:

דְּצַ"ךְ, עֲדַ"שׁ, בְּאַחַ"ב:

Доливают вино в бокал. (Пролитое вино удаляют.)

רַבִּי יוֹסֵי הַגְּלִילִי אוֹמֵר: מִנַּיִן אַתָּה אוֹמֵר שֶׁלָּקוּ הַמִּצְרִים בְּמִצְרַיִם עֶשֶׂר מַכּוֹת וְעַל הַיָּם לָקוּ חֲמִשִּׁים מַכּוֹת, בְּמִצְרַיִם מַה הוּא אוֹמֵר: וַיֹּאמְרוּ הַחַרְטֻמִּם אֶל פַּרְעֹה אֶצְבַּע אֱלֹהִים הִיא: וְעַל הַיָּם מַה הוּא אוֹמֵר: וַיַּרְא יִשְׂרָאֵל אֶת הַיָּד הַגְּדֹלָה אֲשֶׁר עָשָׂה יְיָ בְּמִצְרַיִם, וַיִּירְאוּ הָעָם אֶת יְיָ, וַיַּאֲמִינוּ בַּיָי וּבְמשֶׁה עַבְדּוֹ: כַּמָּה לָקוּ בְאֶצְבַּע, עֶשֶׂר מַכּוֹת, אֱמוֹר מֵעַתָּה: בְּמִצְרַיִם לָקוּ עֶשֶׂר מַכּוֹת, וְעַל הַיָּם לָקוּ חֲמִשִּׁים מַכּוֹת:

רַבִּי אֱלִיעֶזֶר אוֹמֵר: מִנַּיִן שֶׁכָּל מַכָּה וּמַכָּה שֶׁהֵבִיא הַקָּדוֹשׁ בָּרוּךְ הוּא עַל הַמִּצְרִים בְּמִצְרַיִם הָיְתָה שֶׁל אַרְבַּע מַכּוֹת, שֶׁנֶּאֱמַר: יְשַׁלַּח בָּם חֲרוֹן אַפּוֹ, עֶבְרָה, וָזַעַם, וְצָרָה, מִשְׁלַחַת מַלְאֲכֵי רָעִים: עֶבְרָה אַחַת, וָזַעַם שְׁתַּיִם, וְצָרָה שָׁלשׁ, מִשְׁלַחַת מַלְאֲכֵי

אֵלּוּ Вот они, те десять казней, которыми Святой, благословен Он, поразил египтян в Египте:

Перечисляя казни, при упоминании каждой из них отливают по капле вина в треснутое блюдце и при этом помнят о вышеизложенном:

דָּם Кровь. Жабы. Вши. Дикие звери. Мор. Нарывы. Град. Саранча. Тьма. Поражение первенцев.

רַבִּי Рабби Йеѓуда обозначил их акронимами (для облегчения запоминания составил три слова из первых букв названий казней).

Произнося каждую из этих аббревиатур, отливают вино в треснутое блюдце, при этом вспоминают об упомянутом выше:

דְּצַ"ךְ Децах. Адаш. Беахав.

Доливают вино в бокал. (Пролитое вино удаляют.)

רַבִּי Рабби Йосей из Галилеи говорит: Где (в Торе) есть указание на то, что в Египте египтяне были поражены десятью казнями, а на море они были поражены пятьюдесятью казнями? О Египте говорится: «И сказали чародеи фараону: «Это перст Божий» А о море сказано: «И увидел Израиль руку великую, которую проявил Господь в Египте, и убоялся народ Господа, и поверили Богу и Его рабу Моше» Сколькими казнями были поражены египтяне через «перст Божий»? (Поскольку на руке пять пальцев), отсюда мы заключаем, что в Египте их постигли десять казней, а на море – пятьдесят.

רַבִּי Рабби Элиэзер говорит: Где (в Торе) есть указание на то, что каждая казнь, которую наслал Святой, благословен Он, наказывая жителей Египта, состояла из четырех напастей? Как написано: «Наслал Он на них пыл гнева Своего, (который имел четыре проявления) ярость, и негодование, и бедствие, нашествие злых посланцев». «Ярость» – одна; «негодование» – два; «бедствие» – три; «нашествие злых посланцев» – четыре. Отсюда заключа-

רָעִים אַרְבַּע, אֱמוֹר מֵעַתָּה: בְּמִצְרַיִם לָקוּ אַרְבָּעִים
מַכּוֹת, וְעַל הַיָּם לָקוּ מָאתַיִם מַכּוֹת:

רַבִּי עֲקִיבָא אוֹמֵר: מִנַּיִן שֶׁכָּל מַכָּה וּמַכָּה שֶׁהֵבִיא
הַקָּדוֹשׁ בָּרוּךְ הוּא עַל הַמִּצְרִים בְּמִצְרַיִם הָיְתָה
שֶׁל חָמֵשׁ מַכּוֹת, שֶׁנֶּאֱמַר: יְשַׁלַּח בָּם חֲרוֹן אַפּוֹ, עֶבְרָה,
וָזַעַם, וְצָרָה, מִשְׁלַחַת מַלְאֲכֵי רָעִים: חֲרוֹן אַפּוֹ אַחַת,
עֶבְרָה שְׁתַּיִם, וָזַעַם שָׁלֹשׁ, וְצָרָה אַרְבַּע, מִשְׁלַחַת
מַלְאֲכֵי רָעִים חָמֵשׁ, אֱמוֹר מֵעַתָּה: בְּמִצְרַיִם לָקוּ
חֲמִשִּׁים מַכּוֹת, וְעַל הַיָּם לָקוּ חֲמִשִּׁים וּמָאתַיִם מַכּוֹת:

כַּמָּה מַעֲלוֹת טוֹבוֹת לַמָּקוֹם עָלֵינוּ:

Принято произносить все четырнадцать строф דַּיֵּנוּ не прерываясь.

אִלּוּ הוֹצִיאָנוּ מִמִּצְרַיִם

דַּיֵּנוּ: וְלֹא עָשָׂה בָהֶם שְׁפָטִים,

אִלּוּ עָשָׂה בָהֶם שְׁפָטִים

דַּיֵּנוּ: וְלֹא עָשָׂה בֵאלֹהֵיהֶם,

אִלּוּ עָשָׂה בֵאלֹהֵיהֶם

דַּיֵּנוּ: וְלֹא הָרַג אֶת בְּכוֹרֵיהֶם,

אִלּוּ הָרַג אֶת בְּכוֹרֵיהֶם

דַּיֵּנוּ: וְלֹא נָתַן לָנוּ אֶת מָמוֹנָם,

אִלּוּ נָתַן לָנוּ אֶת מָמוֹנָם

דַּיֵּנוּ: וְלֹא קָרַע לָנוּ אֶת הַיָּם,

אִלּוּ קָרַע לָנוּ אֶת הַיָּם

דַּיֵּנוּ: וְלֹא הֶעֱבִירָנוּ בְתוֹכוֹ בֶּחָרָבָה,

אִלּוּ הֶעֱבִירָנוּ בְתוֹכוֹ בֶּחָרָבָה

דַּיֵּנוּ: וְלֹא שִׁקַּע צָרֵינוּ בְּתוֹכוֹ,

מגיד

37

ем: в Египте их поразили сорок казней, а на море их постигло двести казней.

רבי Рабби Акива говорит: Где (в Торе) есть указание на то, что каждая казнь, которую послал Святой, благословен Он, на египтян в Египте, состояла из пяти напастей? Сказано: «Послал Он на них пыл гнева своего, ярость, и негодование, и бедствие, нашествие посланцев злых». «Пыл гнева своего» — один, «ярость» — два, «негодование» — три, «бедствие» — четыре, «нашествие злых посланцев» — пять. Отсюда заключаем: в Египте их постигло пятьдесят казней, а на море — двести пятьдесят.

כמה Сколько благодеяний оказал нам Всевышний!

Принято произносить все четырнадцать строф *Даейну*, не прерываясь. Транслитерация, стр. 67.

אלו Если бы Он вывел нас из Египта, но не покарал бы их (египтян)

— (нам было бы достаточно) *Даейну*

Если бы Он совершил над ними суды, но не над их богами

— *Даейну*

Если бы Он покарал их богов, но не поразил их первенцев,

— *Даейну*

Если бы Он умертвил их первенцев, но не передал бы нам их достояние

— *Даейну*

Если бы Он одарил нас их имуществом, но не рассек бы перед нами море (и не ужесточил сердце Фараона преследовать нас)

— *Даейну*

Если бы Он рассек перед нами море, но не провел бы нас по нему, как по суше (вместо обычного ила на дне)

— *Даейну*

Если бы Он провел нас среди него, как по суше, но не пустил бы ко дну наших врагов,

— *Даейну*

אִלּוּ שִׁקַּע צָרֵינוּ בְּתוֹכוֹ
וְלֹא סִפֵּק צָרְכֵּנוּ בַּמִּדְבָּר אַרְבָּעִים שָׁנָה,   דַּיֵּנוּ:

אִלּוּ סִפֵּק צָרְכֵּנוּ בַּמִּדְבָּר אַרְבָּעִים שָׁנָה
וְלֹא הֶאֱכִילָנוּ אֶת הַמָּן,   דַּיֵּנוּ:

אִלּוּ הֶאֱכִילָנוּ אֶת הַמָּן
וְלֹא נָתַן לָנוּ אֶת הַשַּׁבָּת,   דַּיֵּנוּ:

אִלּוּ נָתַן לָנוּ אֶת הַשַּׁבָּת
וְלֹא קֵרְבָנוּ לִפְנֵי הַר סִינַי,   דַּיֵּנוּ:

אִלּוּ קֵרְבָנוּ לִפְנֵי הַר סִינַי
וְלֹא נָתַן לָנוּ אֶת הַתּוֹרָה,   דַּיֵּנוּ:

אִלּוּ נָתַן לָנוּ אֶת הַתּוֹרָה
וְלֹא הִכְנִיסָנוּ לְאֶרֶץ יִשְׂרָאֵל,   דַּיֵּנוּ:

אִלּוּ הִכְנִיסָנוּ לְאֶרֶץ יִשְׂרָאֵל
וְלֹא בָנָה לָנוּ אֶת בֵּית הַבְּחִירָה,   דַּיֵּנוּ:

עַל אַחַת כַּמָּה וְכַמָּה טוֹבָה כְּפוּלָה וּמְכֻפֶּלֶת
לַמָּקוֹם עָלֵינוּ, שֶׁהוֹצִיאָנוּ מִמִּצְרַיִם, וְעָשָׂה
בָהֶם שְׁפָטִים, וְעָשָׂה בֵאלֹהֵיהֶם, וְהָרַג אֶת
בְּכוֹרֵיהֶם, וְנָתַן לָנוּ אֶת מָמוֹנָם, וְקָרַע לָנוּ אֶת הַיָּם,
וְהֶעֱבִירָנוּ בְּתוֹכוֹ בֶּחָרָבָה, וְשִׁקַּע צָרֵינוּ בְּתוֹכוֹ, וְסִפֵּק
צָרְכֵּנוּ בַּמִּדְבָּר אַרְבָּעִים שָׁנָה, וְהֶאֱכִילָנוּ אֶת הַמָּן,
וְנָתַן לָנוּ אֶת הַשַּׁבָּת, וְקֵרְבָנוּ לִפְנֵי הַר סִינַי, וְנָתַן
לָנוּ אֶת הַתּוֹרָה, וְהִכְנִיסָנוּ לְאֶרֶץ יִשְׂרָאֵל, וּבָנָה לָנוּ
אֶת בֵּית הַבְּחִירָה לְכַפֵּר עַל כָּל עֲוֹנוֹתֵינוּ:

Если бы Он потопил врагов наших, но не удовлетворял наших нужд в пустыне сорок лет, – (нам бы пришлось покупать еду у путешествующих торговцев)

– *Даейну*

Если бы Он обеспечивал всем необходимым в пустыне сорок лет, но не питал бы нас манной небесной,

– *Даейну*

Если бы Он кормил нас манною, но не дал бы нам *Шаббат*,

– *Даейну*

Если бы Он дал нам Субботу, но не приблизил бы нас к горе Синай, (где раскрыл нам свое присутствие)

– *Даейну*

Если бы Он привел к горе Синай, но не дал бы нам Тору

– *Даейну*

Если бы Он дал нам Тору, но не ввел бы нас в Землю Израиля,

– *Даейну*

Если бы Он ввел нас в страну Израиля, но не воздвиг бы для нас Храма Избранности,

– *Даейну*

שַׁל Насколько же многократнее должна быть наша благодарность Вездесущему за Его бесконечные благодеяния! Он вывел нас из Египта, и покарал египтян, и совершил суды над их богами, и умертвил их первенцев, и отдал нам их достояние, и рассек для нас море, и провел нас посреди него, как по суше, и потопил в нем наших врагов, и удовлетворял наши нужды в пустыне сорок лет, и питал нас манной небесной, и дал нам *Шаббат*, и приблизил нас к горе Синай, и дал нам Тору, и ввел нас в страну Израиля, и построил нам святой Храм для искупления всех грехов наших.

רַבָּן גַּמְלִיאֵל הָיָה אוֹמֵר: כָּל שֶׁלֹּא אָמַר שְׁלֹשָׁה דְבָרִים אֵלּוּ בַּפֶּסַח לֹא יָצָא יְדֵי חוֹבָתוֹ. וְאֵלּוּ הֵן:

פֶּסַח, מַצָּה וּמָרוֹר:

פֶּסַח שֶׁהָיוּ אֲבוֹתֵינוּ אוֹכְלִים בִּזְמַן שֶׁבֵּית הַמִּקְדָּשׁ קַיָּם עַל שׁוּם מָה, עַל שׁוּם שֶׁפָּסַח הַמָּקוֹם עַל בָּתֵּי אֲבוֹתֵינוּ בְּמִצְרַיִם, שֶׁנֶּאֱמַר: וַאֲמַרְתֶּם זֶבַח פֶּסַח הוּא לַיָי אֲשֶׁר פָּסַח עַל בָּתֵּי בְנֵי יִשְׂרָאֵל בְּמִצְרַיִם בְּנָגְפּוֹ אֶת מִצְרַיִם וְאֶת בָּתֵּינוּ הִצִּיל, וַיִּקֹּד הָעָם וַיִּשְׁתַּחֲווּ:

נוטל הפרוסה בידו ויאמר:

Берут в руки вторую и третью мацу (не вынимая их из салфетки) и держат в руке до второго שׁוּם.

מַצָּה זוֹ שֶׁאָנוּ אוֹכְלִים עַל שׁוּם מָה, עַל שׁוּם שֶׁלֹּא הִסְפִּיק בְּצֵקֶת שֶׁל אֲבוֹתֵינוּ לְהַחֲמִיץ עַד שֶׁנִּגְלָה עֲלֵיהֶם מֶלֶךְ מַלְכֵי הַמְּלָכִים הַקָּדוֹשׁ בָּרוּךְ הוּא וּגְאָלָם, שֶׁנֶּאֱמַר: וַיֹּאפוּ אֶת הַבָּצֵק אֲשֶׁר הוֹצִיאוּ מִמִּצְרַיִם עֻגֹת מַצּוֹת, כִּי לֹא חָמֵץ, כִּי גֹרְשׁוּ מִמִּצְרַיִם וְלֹא יָכְלוּ לְהִתְמַהְמֵהַּ, וְגַם צֵדָה לֹא עָשׂוּ לָהֶם:

נוטל המרור בידו ויאמר:

Кладут руку на горькую зелень, лежащую на пасхальном блюде, и не убирают ее до второго שׁוּם.

מָרוֹר זֶה שֶׁאָנוּ אוֹכְלִים עַל שׁוּם מָה, עַל שׁוּם שֶׁמֵּרְרוּ הַמִּצְרִים אֶת חַיֵּי אֲבוֹתֵינוּ בְּמִצְרַיִם, שֶׁנֶּאֱמַר: וַיְמָרְרוּ אֶת חַיֵּיהֶם בַּעֲבֹדָה קָשָׁה בְּחֹמֶר וּבִלְבֵנִים וּבְכָל עֲבֹדָה בַּשָּׂדֶה, אֵת כָּל עֲבֹדָתָם אֲשֶׁר עָבְדוּ בָהֶם בְּפָרֶךְ:

מגיד

רבן Рабан Гамлиэль, часто говорил: Тот, кто в пасхальный вечер не упомянул, обсуждая важность следующих трех вещей в Песах – не исполнил долг (заповедь рассказывать об Исходе):

Песах (пасхальный барашек),
Маца,
Марор.

פסח **Когда Храм** существовал, в память о чем наши предки вкушали пасхальную жертву? В память о том, что Святой, благословен Он, *миновал* дома наших предков в Египте, как сказано: «И провозгласите: эта жертва *песах* Господу, который *миновал* дома сынов Израиля в Египте, когда Он поражал египтян, а наши дома спас. И поклонился народ, и пал ниц».

Берут в руки вторую и третью мацу (не вынимая их из салфетки) и держат в руке до слов «о том».

מצה В память о чем мы вкушаем **мацу**? В память о том, что не успело закваситься тесто наших предков, когда явился пред нами Царь царей земных и смертных. Пресвятой, благословен Он, показал Себя и освободил их, как сказано: «И испекли они тесто, которое вынесли из Египта, лепешками пресными, ибо оно еще не заквасилось, потому что они выгнаны были из Египта, и не могли медлить, и даже другой пищи не приготовили себе»

Кладут руку на горькую зелень, лежащую на пасхальном блюде, и не убирают ее до слов «О том».

מרור Этот **марор**, который мы вкушаем, – о чем он напоминает? О том, что египтяне сделали невыносимой жизнь праотцев наших в Египте, как сказано: «И сделали горькой их жизнь трудом тяжким над глиной и кирпичами и всяким трудом в поле, всякой работой, к которой принуждали их с жестокостью».

בְּכָל דּוֹר וָדוֹר חַיָּב אָדָם לִרְאוֹת אֶת עַצְמוֹ כְּאִלּוּ
הוּא יָצָא מִמִּצְרַיִם, שֶׁנֶּאֱמַר: וְהִגַּדְתָּ לְבִנְךָ
בַּיּוֹם הַהוּא לֵאמֹר בַּעֲבוּר זֶה עָשָׂה יְיָ לִי בְּצֵאתִי
מִמִּצְרָיִם: לֹא אֶת אֲבוֹתֵינוּ בִּלְבָד גָּאַל הַקָּדוֹשׁ
בָּרוּךְ הוּא מִמִּצְרַיִם, אֶלָּא אַף אוֹתָנוּ גָּאַל עִמָּהֶם,
שֶׁנֶּאֱמַר: וְאוֹתָנוּ הוֹצִיא מִשָּׁם לְמַעַן הָבִיא אוֹתָנוּ
לָתֶת לָנוּ אֶת הָאָרֶץ אֲשֶׁר נִשְׁבַּע לַאֲבוֹתֵינוּ:

יכסה את הפת ויגביה את הכוס ואוחזו בידו עד סיום ברכת אשר גאלנו:

Закрывают мацу
Берут в руку бокал, как во время *кидуша*, и произносят:

לְפִיכָךְ אֲנַחְנוּ חַיָּבִים: לְהוֹדוֹת לְהַלֵּל לְשַׁבֵּחַ
לְפָאֵר לְרוֹמֵם לְהַדֵּר לְבָרֵךְ לְעַלֵּה
וּלְקַלֵּס, לְמִי שֶׁעָשָׂה לַאֲבוֹתֵינוּ וְלָנוּ אֶת כָּל
הַנִּסִּים הָאֵלּוּ. הוֹצִיאָנוּ מֵעַבְדוּת לְחֵרוּת, מִיָּגוֹן
לְשִׂמְחָה, וּמֵאֵבֶל לְיוֹם טוֹב, וּמֵאֲפֵלָה לְאוֹר גָּדוֹל,
וּמִשִּׁעְבּוּד לִגְאֻלָּה, וְנֹאמַר לְפָנָיו הַלְלוּיָהּ:

Ставят бокал на стол.

הַלְלוּיָהּ, הַלְלוּ עַבְדֵי יְיָ, הַלְלוּ אֶת שֵׁם יְיָ: יְהִי
שֵׁם יְיָ מְבֹרָךְ, מֵעַתָּה וְעַד עוֹלָם:
מִמִּזְרַח שֶׁמֶשׁ עַד מְבוֹאוֹ, מְהֻלָּל שֵׁם יְיָ: רָם עַל
כָּל גּוֹיִם יְיָ, עַל הַשָּׁמַיִם כְּבוֹדוֹ: מִי כַּייָ אֱלֹהֵינוּ,
הַמַּגְבִּיהִי לָשָׁבֶת: הַמַּשְׁפִּילִי לִרְאוֹת, בַּשָּׁמַיִם
וּבָאָרֶץ: מְקִימִי מֵעָפָר דָּל, מֵאַשְׁפֹּת יָרִים אֶבְיוֹן:
לְהוֹשִׁיבִי עִם נְדִיבִים, עִם נְדִיבֵי עַמּוֹ: מוֹשִׁיבִי
עֲקֶרֶת הַבַּיִת, אֵם הַבָּנִים שְׂמֵחָה, הַלְלוּיָהּ:

בכל В каждом поколении человек обязан рассматривать себя так, словно он сам вышел из Египта, как сказано: «И скажи сыну твоему (через много поколений после Исхода) в тот день так: это ради того, что сделал для меня Господь при Исходе, когда я уходил из Египта». Не только наших предков вызволил Святой, благословен Он, – и Он также вызволил нас вместе с ними, как сказано: «И нас Он вывел оттуда, чтобы повести нас и дать нам землю, о которой Он клялся нашим праотцам».

Закрывают мацу
Берут в руку бокал, как во время *кидуша*, и произносят:

לפיכך Поэтому мы обязаны благодарить, прославлять, восхвалять, славословить, превозносить, воздавать почести, благословлять, возвеличивать и чтить Того, Кто сотворил для праотцев наших и для нас все эти чудеса: вывел нас из рабства на свободу, из скорби – к радости, из траура – к празднику, из тьмы – к великому свету, из порабощения – к освобождению. Провозгласим же перед Ним: *Ѓалелуя* – восхвалите Бога!

Ставят бокал на стол.

הללויה *Ѓалелуя* – восхвалите Бога! Прославляйте Божьи служители, славьте имя Господа! Да будет благословенно имя Божье отныне и вовеки. От восхода солнца и до заката его прославлено имя Господа. Возвышен над всеми народами Господь, превыше небес слава Его. Кто подобен Богу Всесильному нашему, пребывающему в высотах, низко склоняющий свой взор, чтобы видеть, – в небесах и на земле, Поднимающий из праха земного бедняка, из сора возвышающий нищего, чтобы посадить (его) со знатными вельможами, со знатью народа своего. Одинокой и бесплодной дарует Он дом, (превращает) в мать, радующуюся детям. *Ѓалелуя* – восхвалите Бога!

בְּצֵאת יִשְׂרָאֵל מִמִּצְרָיִם, בֵּית יַעֲקֹב מֵעַם לֹעֵז:
הָיְתָה יְהוּדָה לְקָדְשׁוֹ, יִשְׂרָאֵל מַמְשְׁלוֹתָיו:
הַיָּם רָאָה וַיָּנֹס, הַיַּרְדֵּן יִסֹּב לְאָחוֹר: הֶהָרִים רָקְדוּ
כְאֵילִים, גְּבָעוֹת כִּבְנֵי צֹאן: מַה לְּךָ הַיָּם כִּי תָנוּס,
הַיַּרְדֵּן תִּסֹּב לְאָחוֹר: הֶהָרִים תִּרְקְדוּ כְאֵילִים, גְּבָעוֹת
כִּבְנֵי צֹאן: מִלִּפְנֵי אָדוֹן חוּלִי אָרֶץ, מִלִּפְנֵי אֱלוֹהַּ
יַעֲקֹב: הַהֹפְכִי הַצּוּר אֲגַם מָיִם, חַלָּמִישׁ לְמַעְיְנוֹ מָיִם:

Держат бокал, как во время *кидуша*, и произносят два благословения:

בָּרוּךְ אַתָּה יְיָ, אֱלֹהֵינוּ מֶלֶךְ הָעוֹלָם, אֲשֶׁר גְּאָלָנוּ
וְגָאַל אֶת אֲבוֹתֵינוּ מִמִּצְרַיִם, וְהִגִּיעָנוּ
הַלַּיְלָה הַזֶּה לֶאֱכָל בּוֹ מַצָּה וּמָרוֹר, כֵּן יְיָ אֱלֹהֵינוּ
וֵאלֹהֵי אֲבוֹתֵינוּ יַגִּיעֵנוּ לְמוֹעֲדִים וְלִרְגָלִים אֲחֵרִים
הַבָּאִים לִקְרָאתֵנוּ לְשָׁלוֹם, שְׂמֵחִים בְּבִנְיַן עִירֶךָ,
וְשָׂשִׂים בַּעֲבוֹדָתֶךָ, וְנֹאכַל שָׁם

На исходе субботы говорят:	Во все вечера, кроме субботнего, говорят:
מִן הַזְּבָחִים וּמִן הַפְּסָחִים	מִן הַפְּסָחִים וּמִן הַזְּבָחִים

אֲשֶׁר יַגִּיעַ דָּמָם עַל קִיר מִזְבַּחֲךָ לְרָצוֹן, וְנוֹדֶה לְךָ
שִׁיר חָדָשׁ עַל גְּאֻלָּתֵנוּ וְעַל פְּדוּת נַפְשֵׁנוּ. בָּרוּךְ
אַתָּה יְיָ, גָּאַל יִשְׂרָאֵל:

וּמְבָרֵךְ וְשׁוֹתֶה בַּהֲסִיבָה:

בָּרוּךְ אַתָּה יְיָ, אֱלֹהֵינוּ מֶלֶךְ הָעוֹלָם, בּוֹרֵא פְּרִי
הַגָּפֶן:

Выпивают весь бокал (или хотя бы большую часть), сидя и оперевшись на левый локоть.

Обозрите теперь пяти шагов רָחְצָה через כּוֹרֵךְ, чтобы избежать перерыва между ними.

מגיד

בצאת Когда выходил Израиль из Египта, дом Яакова – из народа иноязычного, стала Иудея святыней Его, Израиль – державой Его. Море увидело и отступило, воды Иордана обратились вспять. Горы скакали, как овны, холмы – как ягнята. Что с тобой, море, что убежало ты? Что заставило тебя, Иордан, обратиться вспять? Почему вы, горы, скачете, как овны, холмы – как ягнята? Трепещи пред Господином (своим), Создателем земли, пред Богом Яакова, Превращающим скалу (в) озеро водоем, кремень – в источник вод (когда Израиль был в пустыне).

Держат бокал, как во время *кидуша,* и произносят два благословения:

ברוך Благословен ты, Господь Бог наш, Властелин Вселенной, который спас из Египта нас и наших отцов и довел до этой ночи, чтобы мы могли есть мацу и горькую зелень. Так доведи же нас, Господь Бог наш и отцов наших, до других праздников (*Рош Ѓашана* и *Йом Кипур*) и паломничеств (*Песах, Шавуот* и *Суккот*), грядущих нам навстречу, с миром! Будем же радоваться восстановлению города Твоего, счастливы храмовой службой Твоей

Во все вечера, кроме субботнего, говорят:	На исходе субботы говорят:
и будем есть там [мясо] праздничных жертвоприношений и пасхальных,	и будем есть там [мясо] пасхальных и праздничных жертвоприношений,

чья кровь, в угоду Тебе, коснется стены жертвенника. И возблагодарим Тебя новой песней за наше освобождение и искупление наших душ. Благословен Ты, Бог, освободивший Израиль!

ברוך Благословен Ты, Господь, Бог наш, Владыка вселенной, творящий плод виноградной лозы.

Выпивают весь бокал (или хотя бы большую часть), сидя и оперевшись на левый локоть.

Обозрите теперь пяти шагов *рахца* через *корех*, чтобы избежать перерыва между ними.

רָחְצָה ואחר כך נוטל ידיו ומברך על נטילת ידים:

Руки омывают следующим образом:

Возьмите в правую руку кружку с водой. Переложите ее в левую руку и трижды полейте из кружки правую кисть. Затем переложите кружку в правую руку и трижды полейте левую. Поливая левую руку, принято держать кружку через полотенце, избегая соприкосновения сухой и мокрой рук.

На левой руке должно остаться немного воды; разотрите ее обеими руками и произнесите следующее благословение:

בָּרוּךְ אַתָּה יְיָ, אֱלֹהֵינוּ מֶלֶךְ הָעוֹלָם, אֲשֶׁר קִדְּשָׁנוּ בְּמִצְוֹתָיו, וְצִוָּנוּ עַל נְטִילַת יָדָיִם:

Вытрите руки насухо. Не произносите ни слова до вкушения мацы (лучше – до кореха).

מוֹצִיא ויקח המצות כסדר שהניחם הפרוסה בין שתי השלימות ויאחז בידו ויברך:

Берут в руки все три листа мацы (в салфетке) и произносят:

בָּרוּךְ אַתָּה יְיָ, אֱלֹהֵינוּ מֶלֶךְ הָעוֹלָם, הַמּוֹצִיא לֶחֶם מִן הָאָרֶץ:

Не ломают мацу, пока не произнесено второе благословение.

מַצָּה ולא יבצע מהן אלא יניח המצה השלישית להשמט מידו ויברך על הפרוסה עם העליונה טרם ישברם ברכה זו. ויכוין לפטור ג"כ אכילת הכריכה שממצה השלישית וגם אכילת האפיקומן יפטור בברכה זו:

Откладывают нижний лист мацы и произносят следующее благословение, имея в виду, что оно включает и *корех*, который будет сделан из третьего, нижнего листа мацы, а также *афикоман* в конце трапезы:

בָּרוּךְ אַתָּה יְיָ, אֱלֹהֵינוּ מֶלֶךְ הָעוֹלָם, אֲשֶׁר קִדְּשָׁנוּ בְּמִצְוֹתָיו, וְצִוָּנוּ עַל אֲכִילַת מַצָּה:

ואח"כ יבצע כזית מכל אחד משתיהן, ויאכלם ביחד ובהסיבה:

Отломите *кезайт* от каждого из двух верхних листов мацы и съешьте их вместе, облокотившись на левую руку. Всю мацу (около 52 граммов) нужно съесть за 4–7 минут.

Рахца

Руки омывают следующим образом:

Возьмите в правую руку кружку с водой. Переложите ее в левую руку и трижды полейте из кружки правую кисть. Затем переложите кружку в правую руку и трижды полейте левую. Поливая левую руку, принято держать кружку через полотенце, избегая соприкосновения сухой и мокрой рук.

На левой руке должно остаться немного воды; разотрите ее обеими руками и произнесите следующее благословение:

Транслитерация, стр. 67.

בָּרוּךְ Благословен Ты, Господь, Бог наш, Властелин вселенной, освятивший нас своими заповедями и повелевший нам совершать омовение рук.

Вытрите руки насухо. Не произносите ни слова до вкушения мацы (лучше – до кореха).

Моци

Берут в руки все три листа мацы (в салфетке) и произносят:

Транслитерация, стр. 67.

בָּרוּךְ Благословен Ты, Господь, Бог наш, Царь вселенной, извлекающий хлеб из земли.

Не ломают мацу, пока не произнесено второе благословение.

Маца

Откладывают нижний лист мацы и произносят следующее благословение, имея в виду, что оно включает и *корех*, который будет сделан из третьего, нижнего листа мацы, а также *афикоман* в конце трапезы:

Транслитерация, стр. 67.

בָּרוּךְ Благословен Ты, Господь, Бог наш, Владыка вселенной, освятивший нас своими заповедями и повелевший нам вкушать мацу.

Отломите *кезайт* от каждого из двух верхних листов мацы и съешьте их вместе, облокотившись на левую руку. Всю мацу (около 52 граммов) нужно съесть за 4–7 минут.

Каждый из участников должен съесть хотя бы *кезайт* мацы. Поскольку двух верхних листов мацы, лежащих на пасхальном блюде, на всех может не хватить, нужно, чтобы под рукой была еще маца. Тем не менее предпочтительно, чтобы каждый получил хотя бы по маленькому кусочку от каждого из двух листов мацы с пасхального блюда.

Мацу не макают в соль.

מרור

מָרוֹר ואחר כך יקח כזית מרור ויטבל בחרוסת וינער החרוסת מעליו כדי שלא יתבטל טעם המרירות ויברך ברכה זו:

Смочите *харосет* вином. Возьмите с пасхального блюда не меньше чем *кезайт марора* и обмакните его в *харосет*. Встряхните *марор*, чтобы не исчез его горький вкус. Произнося благословение, помните, что оно распространяется и на *хазерет* в *корехе*.

בָּרוּךְ אַתָּה יְיָ, אֱלֹהֵינוּ מֶלֶךְ הָעוֹלָם, אֲשֶׁר קִדְּשָׁנוּ בְּמִצְוֹתָיו, וְצִוָּנוּ עַל אֲכִילַת מָרוֹר:

ויאכלנו בלי הסיבה:

Едят *марор*, не облокачиваясь. Весь *кезайт* нужно съесть за 4–7 минут.

Каждый участник должен съесть *кезайт марора*. Поскольку *марора* с пасхального блюда на всех не хватит, нужно иметь под рукой достаточное количество горькой зелени.

כורך

כּוֹרֵךְ ואח"כ יקח מצה הג' וחזרת עמה כשיעור כזית ויטבול בחרוסת ויכרכם ביחד ויאמר זה:

Возьмите *кезайт* от третьей мацы и *кезайт хазерета*. Положите на *хазерет* немного сухого *харосета* и сильно встряхните. Соедините все это, как сендвич, и произнесите следующий текст:

כֵּן עָשָׂה הִלֵּל בִּזְמַן שֶׁבֵּית הַמִּקְדָּשׁ הָיָה קַיָּם, הָיָה כּוֹרֵךְ פֶּסַח מַצָּה וּמָרוֹר וְאוֹכֵל בְּיַחַד, כְּמוֹ שֶׁנֶּאֱמַר: עַל מַצּוֹת וּמְרוֹרִים יֹאכְלֻהוּ:

ויאכלם ביחד [ובהסיבה. טוש"ע סימן תע"ה. הגהה מסדור אדמו"ר בעל צ"צ ז"ל]:

Съешьте *корех*, облокотившись на левую руку. Его нужно съесть за 4–7 минут.

Каждый участник *седера* должен съесть *кезайт* мацы и *кезайт хазерета*. Поскольку мацы и *хазерета* с пасхального блюда на всех не хватит, нужно, чтобы под рукой были еще маца и *хазерет*.

Каждый из участников должен съесть хотя бы *кезайт* мацы. Поскольку двух верхних листов мацы, лежащих на пасхальном блюде, на всех может не хватит, нужно, чтобы под рукой была еще маца. Тем не менее предпочтительно, чтобы каждый получил хотя бы по маленькому кусочку от каждого из двух листов мацы с пасхального блюда.

Мацу не макают в соль.

Смочите *харосет* вином. Возьмите с пасхального блюда не меньше чем *кезайт марора* и обмакните его в *харосет*. Встряхните *марор*, чтобы не исчез его горький вкус. Произнося благословение, помните, что оно распространяется и на *хазерет* в *корехе*.

Транслитерация, стр. 68.

בְּרוּךְ Благословен Ты, Господь, Бог наш, Владыка вселенной, освятивший нас своими заповедями и повелевший нам вкушать горькую зелень.

Едят *марор*, не облокачиваясь. Весь *кезайт* нужно съесть за 4–7 минут.

Каждый участник должен съесть *кезайт марора*. Поскольку *марора* с пасхального блюда на всех не хватит, нужно иметь под рукой достаточное количество горькой зелени.

Возьмите *кезайт* от третьей мацы и *кезайт хазерета*. Положите на *хазерет* немного сухого *харосета* и сильно встряхните. Соедините все это, как сендвич, и произнесите следующий текст:

Транслитерация, стр. 68.

כֵּן Так делал Ѓилель, во времена Храма: он складывал мясо пасхальной жертвы, мацу и горькую зелень и ел их вместе, дабы буквально исполнить сказанное в Торе: «с мацой и горькой зеленью вкушайте его».

Съешьте *корех*, облокотившись на левую руку. Его нужно съесть за 4–7 минут.

Каждый участник *седера* должен съесть *кезайт* мацы и *кезайт хазерета*. Поскольку мацы и *хазерета* с пасхального блюда на всех не хватит, нужно, чтобы под рукой были еще маца и *хазерет*.

שלחן עורך ואחר כך אוכל ושותה כדי צרכו ויכול לשתות יין בין כוס ב' לג':

Обычай Хабада – не облокачиваться во время трапезы.

В начале трапезы съедают яйцо с пасхального блюда, которое макают в соленую воду.

Смоченная маца. Обычай Хабада – не допускать соприкосновения мацы с водой в течение первых семи дней Песаха. Поэтому маца на столе должна оставаться прикрытой, чтобы на нее ничего не пролилось.

С утра накануне Песаха и до вкушения *кореха* на втором *седере* не едят те продукты, которые входят в *харосет* и *марор*.

Сколько нужно съесть? Следует съесть столько, чтобы насытиться до *афикомана*. (*Афикоман* служит напоминанием о пасхальной жертве, которую ели, насытившись.) Вместе с тем не нужно переедать, чтобы сохранить аппетит для *афикомана*. На первом *седере* нужно помнить о том, что *афикоман* необходимо съесть до полуночи.

Разрешается пить вино во время еды.

После *афикомана* до утра ничего не едят и не пьют, даже воду. Поэтому необходимо выпить достаточно жидкости, чтобы не страдать от жажды после *афикомана*.

צפון ואח"כ יקח האפיקומן ויחלקו לכל בני ביתו לכל אחד כזית ויזהר שלא ישתה אחר אפיקומן ויאכל בהסיבה וצריך לאכלו קודם חצות:

Каждый участник получает кусочек *афикомана*.

В идеале следует съесть кусок *афикомана* величиной два *кезайта* – один *кезайт* в память о жертве, другой – в память о маце. Тот, кому это трудно, должен съесть хотя бы один *кезайт*, имея в виду, что этот *кезайт* служит напоминанием или о маце, или о жертве, в зависимости от того, какое из двух мнений на самом деле является верным.

Поскольку самого *афикомана* не хватит, чтобы каждый получил *кезайт*, следует использовать другие куски мацы.

После *афикомана* до утра ничего не едят и не пьют, даже воду.

В первую пасхальную ночь *афикоман* необходимо съесть до полуночи.

Афикоман едят, облокотившись на левую руку. Необходимо съесть его за 4-7 минут.

ברך ואח"כ מוזגין כוס שלישי ואומר עליו בהמ"ז:

Наполняют вином третий бокал и читают благословение после трапезы.

Тогда же наполняют еще один бокал – «кубок Элияѓу».

Обычай Хабада – не облокачиваться во время трапезы.

В начале трапезы съедают яйцо с пасхального блюда, которое макают в соленую воду.

Смоченная маца. Обычай Хабада – не допускать соприкосновения мацы с водой в течение первых семи дней Песаха. Поэтому маца на столе должна оставаться прикрытой, чтобы на нее ничего не пролилось.

С утра накануне Песаха и до вкушения *кореха* на втором *седере* не едят те продукты, которые входят в *харосет* и *марор*.

Сколько нужно съесть? Следует съесть столько, чтобы насытиться до *афикомана*. (*Афикоман* служит напоминанием о пасхальной жертве, которую ели, насытившись.) Вместе с тем не нужно переедать, чтобы сохранить аппетит для *афикомана*. На первом *седере* нужно помнить о том, что *афикоман* необходимо съесть до полуночи.

Разрешается пить вино во время еды.

После *афикомана* до утра ничего не едят и не пьют, даже воду. Поэтому необходимо выпить достаточно жидкости, чтобы не страдать от жажды после *афикомана*.

Каждый участник получает кусочек *афикомана*.

В идеале следует съесть кусок *афикомана* величиной два *кезайта* – один *кезайт* в память о жертве, другой – в память о маце. Тот, кому это трудно, должен съесть хотя бы один *кезайт*, имея в виду, что этот *кезайт* служит напоминанием или о маце, или о жертве, в зависимости от того, какое из двух мнений на самом деле является верным.

Поскольку самого *афикомана* не хватит, чтобы каждый получил *кезайт*, следует использовать другие куски мацы.

После *афикомана* до утра ничего не едят и не пьют, даже воду.

В первую пасхальную ночь *афикоман* необходимо съесть до полуночи.

Афикоман едят, облокотившись на левую руку. Необходимо съесть его за 4–7 минут.

Наполняют вином третий бокал и читают благословение после трапезы.

Тогда же наполняют еще один бокал – «кубок Элияѓу».

שִׁיר הַמַּעֲלוֹת, בְּשׁוּב יְיָ אֶת שִׁיבַת צִיּוֹן, הָיִינוּ
כְּחֹלְמִים: אָז יִמָּלֵא שְׂחוֹק פִּינוּ וּלְשׁוֹנֵנוּ רִנָּה, אָז
יֹאמְרוּ בַגּוֹיִם, הִגְדִּיל יְיָ לַעֲשׂוֹת עִם אֵלֶּה: הִגְדִּיל יְיָ
לַעֲשׂוֹת עִמָּנוּ, הָיִינוּ שְׂמֵחִים: שׁוּבָה יְיָ אֶת שְׁבִיתֵנוּ,
כַּאֲפִיקִים בַּנֶּגֶב: הַזֹּרְעִים בְּדִמְעָה, בְּרִנָּה יִקְצֹרוּ: הָלוֹךְ
יֵלֵךְ וּבָכֹה נֹשֵׂא מֶשֶׁךְ הַזָּרַע, בֹּא יָבֹא בְרִנָּה נֹשֵׂא
אֲלֻמֹּתָיו:

לִבְנֵי קֹרַח מִזְמוֹר שִׁיר, יְסוּדָתוֹ בְּהַרְרֵי קֹדֶשׁ: אֹהֵב יְיָ
שַׁעֲרֵי צִיּוֹן, מִכֹּל מִשְׁכְּנוֹת יַעֲקֹב: נִכְבָּדוֹת מְדֻבָּר
בָּךְ, עִיר הָאֱלֹהִים סֶלָה: אַזְכִּיר רַהַב וּבָבֶל לְיֹדְעָי, הִנֵּה
פְלֶשֶׁת וְצֹר עִם כּוּשׁ, זֶה יֻלַּד שָׁם: וּלְצִיּוֹן יֵאָמַר אִישׁ
וְאִישׁ יֻלַּד בָּהּ, וְהוּא יְכוֹנְנֶהָ עֶלְיוֹן: יְיָ יִסְפֹּר בִּכְתוֹב
עַמִּים, זֶה יֻלַּד שָׁם סֶלָה: וְשָׁרִים כְּחֹלְלִים, כָּל מַעְיָנַי בָּךְ:

אֲבָרְכָה אֶת יְיָ בְּכָל עֵת, תָּמִיד תְּהִלָּתוֹ בְּפִי: סוֹף
דָּבָר הַכֹּל נִשְׁמָע, אֶת הָאֱלֹהִים יְרָא וְאֶת
מִצְוֹתָיו שְׁמוֹר כִּי זֶה כָּל הָאָדָם: תְּהִלַּת יְיָ יְדַבֶּר פִּי
וִיבָרֵךְ כָּל בָּשָׂר שֵׁם קָדְשׁוֹ לְעוֹלָם וָעֶד: וַאֲנַחְנוּ נְבָרֵךְ
יָהּ מֵעַתָּה וְעַד עוֹלָם הַלְלוּיָהּ:

זֶה חֵלֶק אָדָם רָשָׁע מֵאֱלֹהִים וְנַחֲלַת אִמְרוֹ מֵאֵל:

Омывают кончики пальцев (но не проводят ими по губам, как в течение всего года) и произносят следующее:

וַיְדַבֵּר אֵלַי זֶה הַשֻּׁלְחָן אֲשֶׁר לִפְנֵי יְיָ:

Держат в руках бокал, как во время *кидуша*, до благословения וּבְנֵה (с. 48).

ЗИМУН – ПРИГЛАШЕНИЕ

Если за столом находится меньше трех совершеннолетних мужчин, продолжают со слов בָּרוּךְ. Если трое и больше совершеннолетних мужчин ели вместе, один из них приглашает остальных благословить вместе. Если мужчин десять и больше, добавляют слова אֱלֹהֵינוּ – как указано.

שיר Песнь восхождений (пели левиты на ступенях Храма). Когда возвратит Господь пленников Сиона, (все пережитое) покажется нам сном. Тогда наполнятся уста наши неудержимым смехом и язык наш – пением. Тогда скажут народы: «Великое сотворил Господь с ними!» Великие чудеса сотворил с нами Господь – возрадовались мы. Возврати же, Господи, пленников наших, как русла (потоки) в Негеве (землю иссохшую). Сеявшие в слезах – жать будут с радостным пением. Идет и плачет несущий суму с семенами, вернется с песней несущий снопы свои.

לבני Песня сыновей Кораха. Песнь (о Иерусалиме), основанном на горах святых. Любит Господь врата Сиона больше всех обителей Яакова. С почетом прославляют Тебя, вечный город Бога! Напомню Раѓав (Египет) и Бавель (Вавилонию), познавших (мощь) мою. Вот Пелешет и Цор с Кушем: такой-то родился там. А о Сионе скажут: каждый родился в нем, и Он, Всевышний, возвеличит его. Господь запишет навеки в переписи народов: «Такой-то родился там». И поющие, и танцующие (сыны Израиля) провозгласят – все надежды мои устремлены к тебе.

אברכה «Благословлять буду Господа во все времена; хвала Ему непрестанно в устах моих». «Выслушаем сущность всего: Бога бойся и соблюдай Его заветы, потому что в этом – вся (суть) человека». «Хвалу Господу изрекут уста мои, и благословлять будет все живое имя святое Его вовеки». «Будем же и мы благословлять Господа отныне и вовеки. *Восхвалите Бога*».

זו «Вот от Бога удел нечестивца и доля, уготованная ему Всесильным!»

Омывают кончики пальцев (но не проводят ими по губам, как в течение всего года) и произносят следующее:

וידבר «И сказал он мне: это стол, стоящий пред Господом».

Держат в руках бокал, как во время *кидуша*, до благословения «И отстрой» (с. 48).

ЗИМУН – ПРИГЛАШЕНИЕ

Если за столом находится меньше трех совершеннолетних мужчин, продолжают со слов «Благословен Ты». Если трое и больше совершеннолетних мужчин ели вместе, один из них приглашает остальных благословить вместе. Если мужчин десять и больше, добавляют слова «Бога нашего», – как указано. Транслитерация, стр. 68.

Ведущий:

רַבּוֹתַי מִיר וֶועלְן בֶּענְטשִׁין:

Остальные:

יְהִי שֵׁם יְיָ מְבֹרָךְ מֵעַתָּה וְעַד עוֹלָם:

Ведущий:

יְהִי שֵׁם יְיָ מְבֹרָךְ מֵעַתָּה וְעַד עוֹלָם:
בִּרְשׁוּת מָרָנָן וְרַבָּנָן וְרַבּוֹתַי נְבָרֵךְ (אֱלֹהֵינוּ) שֶׁאָכַלְנוּ מִשֶּׁלּוֹ:

Остальные:

בָּרוּךְ (אֱלֹהֵינוּ) שֶׁאָכַלְנוּ מִשֶּׁלּוֹ וּבְטוּבוֹ חָיִינוּ:

Ведущий:

בָּרוּךְ (אֱלֹהֵינוּ) שֶׁאָכַלְנוּ מִשֶּׁלּוֹ וּבְטוּבוֹ חָיִינוּ:

Ведущий заканчивает каждое благословение вслух, присутствующие отвечают אָמֵן.

בָּרוּךְ אַתָּה יְיָ אֱלֹהֵינוּ מֶלֶךְ הָעוֹלָם, הַזָּן אֶת הָעוֹלָם כֻּלּוֹ בְּטוּבוֹ בְּחֵן בְּחֶסֶד וּבְרַחֲמִים הוּא נוֹתֵן לֶחֶם לְכָל בָּשָׂר כִּי לְעוֹלָם חַסְדּוֹ: וּבְטוּבוֹ הַגָּדוֹל עִמָּנוּ תָּמִיד לֹא חָסַר לָנוּ וְאַל יֶחְסַר לָנוּ מָזוֹן לְעוֹלָם וָעֶד: בַּעֲבוּר שְׁמוֹ הַגָּדוֹל כִּי הוּא אֵל זָן וּמְפַרְנֵס לַכֹּל וּמֵטִיב לַכֹּל וּמֵכִין מָזוֹן לְכָל בְּרִיּוֹתָיו אֲשֶׁר בָּרָא, כָּאָמוּר: פּוֹתֵחַ אֶת יָדֶךָ וּמַשְׂבִּיעַ לְכָל חַי רָצוֹן: בָּרוּךְ אַתָּה יְיָ, הַזָּן אֶת הַכֹּל:

נוֹדֶה לְךָ יְיָ אֱלֹהֵינוּ עַל שֶׁהִנְחַלְתָּ לַאֲבוֹתֵינוּ אֶרֶץ חֶמְדָּה טוֹבָה וּרְחָבָה וְעַל שֶׁהוֹצֵאתָנוּ יְיָ אֱלֹהֵינוּ מֵאֶרֶץ מִצְרַיִם וּפְדִיתָנוּ מִבֵּית עֲבָדִים וְעַל בְּרִיתְךָ שֶׁחָתַמְתָּ בִּבְשָׂרֵנוּ וְעַל תּוֹרָתְךָ שֶׁלִּמַּדְתָּנוּ וְעַל חֻקֶּיךָ שֶׁהוֹדַעְתָּנוּ וְעַל חַיִּים חֵן וָחֶסֶד שֶׁחוֹנַנְתָּנוּ וְעַל אֲכִילַת מָזוֹן שָׁאַתָּה זָן וּמְפַרְנֵס אוֹתָנוּ תָּמִיד בְּכָל יוֹם וּבְכָל עֵת וּבְכָל שָׁעָה:

Ведущий:

Господа мои, благословим!

Остальные:

Да будет Имя Бога благословенно отныне и вовеки!

Ведущий:

Да будет Имя Бога благословенно отныне и вовеки!
С вашего разрешения, господа мои, наставники и учители, благословим Того (в присутствии десяти и более мужчин: Бога нашего), за дарованную нам пищу, которую мы ели!

Остальные:

Благословен Он (Бог наш), за дарованную нам пищу, которую мы ели!

Ведущий:

Благословен Он (Бог наш), за дарованную нам пищу, которую мы ели!

Ведущий заканчивает каждое благословение вслух, присутствующие отвечают: *Амен.*

ברוך Благословен Ты, Господь, Бог наш, Владыка вселенной, питающий весь мир по доброте своей. В благоволении, любви и милосердии дает Он хлеб всему живому, ибо милость Его вечна. По великой Его доброте к нам никогда не было и во веки веков не будет у нас недостатка в пище – ради Его великого Имени, потому что Он – Бог, который питает и обеспечивает необходимым всех, благодетельствует всем и заботится о пропитании всех созданных Им творений. Как сказано: «Ты раскрываешь ладонь Свою и щедро насыщаешь все живое по воле [Своей]». Благословен Ты, Бог, питающий всех!

נודה Поблагодарим тебя, Господь, Бог наш, за то, что дал отцам нашим в наследие прекрасную, благодатную и обширную землю; за то, что вывел нас, Господь Бог наш, из страны египетской и вызволил из дома рабства, и за знак союза с Тобой, который Ты запечатлел на плоти нашей, и за Твою Тору, которой Ты научил нас, и за Твои законы, которые Ты возвестил нам, и за жизнь, милость и любовь, которыми одарил нас, и за то, что даешь Ты нам еду и поддерживаешь нас необходимым постоянно, ежедневно, в любое время и каждый час.

וְעַל הַכֹּל יְיָ אֱלֹהֵינוּ אֲנַחְנוּ מוֹדִים לָךְ וּמְבָרְכִים
אוֹתָךְ יִתְבָּרֵךְ שִׁמְךָ בְּפִי כָּל חַי תָּמִיד לְעוֹלָם
וָעֶד, כַּכָּתוּב: וְאָכַלְתָּ וְשָׂבָעְתָּ וּבֵרַכְתָּ אֶת יְיָ אֱלֹהֶיךָ
עַל הָאָרֶץ הַטֹּבָה אֲשֶׁר נָתַן לָךְ: בָּרוּךְ אַתָּה יְיָ,
עַל הָאָרֶץ וְעַל הַמָּזוֹן:

רַחֵם יְיָ אֱלֹהֵינוּ עַל יִשְׂרָאֵל עַמֶּךָ וְעַל יְרוּשָׁלַיִם
עִירֶךָ וְעַל צִיּוֹן מִשְׁכַּן כְּבוֹדֶךָ וְעַל מַלְכוּת
בֵּית דָּוִד מְשִׁיחֶךָ וְעַל הַבַּיִת הַגָּדוֹל וְהַקָּדוֹשׁ
שֶׁנִּקְרָא שִׁמְךָ עָלָיו: אֱלֹהֵינוּ אָבִינוּ רוֹעֵנוּ זוֹנֵנוּ
פַרְנְסֵנוּ וְכַלְכְּלֵנוּ וְהַרְוִיחֵנוּ וְהַרְוַח לָנוּ יְיָ אֱלֹהֵינוּ
מְהֵרָה מִכָּל צָרוֹתֵינוּ: וְנָא אַל תַּצְרִיכֵנוּ יְיָ אֱלֹהֵינוּ,
לֹא לִידֵי מַתְּנַת בָּשָׂר וָדָם וְלֹא לִידֵי הַלְוָאָתָם כִּי
אִם לְיָדְךָ הַמְּלֵאָה הַפְּתוּחָה הַקְּדוֹשָׁה וְהָרְחָבָה
שֶׁלֹּא נֵבוֹשׁ וְלֹא נִכָּלֵם לְעוֹלָם וָעֶד:

Если седер происходит в пятницу вечером, добавляют:

רְצֵה וְהַחֲלִיצֵנוּ יְיָ אֱלֹהֵינוּ בְּמִצְוֹתֶיךָ וּבְמִצְוַת יוֹם
הַשְּׁבִיעִי הַשַּׁבָּת הַגָּדוֹל וְהַקָּדוֹשׁ הַזֶּה כִּי יוֹם
זֶה גָּדוֹל וְקָדוֹשׁ הוּא לְפָנֶיךָ, לִשְׁבָּת בּוֹ וְלָנוּחַ בּוֹ
בְּאַהֲבָה כְּמִצְוַת רְצוֹנֶךָ, וּבִרְצוֹנְךָ הָנִיחַ לָנוּ יְיָ אֱלֹהֵינוּ
שֶׁלֹּא תְהֵא צָרָה וְיָגוֹן וַאֲנָחָה בְּיוֹם מְנוּחָתֵנוּ, וְהַרְאֵנוּ
יְיָ אֱלֹהֵינוּ בְּנֶחָמַת צִיּוֹן עִירֶךָ, וּבְבִנְיַן יְרוּשָׁלַיִם עִיר
קָדְשֶׁךָ, כִּי אַתָּה הוּא בַּעַל הַיְשׁוּעוֹת וּבַעַל הַנֶּחָמוֹת:

Отрывок, начиная со слова זָכְרֵנוּ до טוֹבִים, ведущий читает вслух, а остальные
отвечают: אָמֵן!

אֱלֹהֵינוּ וֵאלֹהֵי אֲבוֹתֵינוּ, יַעֲלֶה וְיָבוֹא וְיַגִּיעַ,
וְיֵרָאֶה וְיֵרָצֶה וְיִשָּׁמַע, וְיִפָּקֵד וְיִזָּכֵר

וְעַל И за все это, Господь, Бог наш, мы благодарим и благословляем Тебя, да будет благословляемо Имя Твое устами всего живого – постоянно, во веки веков, как сказано: «И будешь ты есть и насытишься, и благословлять будешь Господа, Бога твоего, за землю благодатную, которую Он дал тебе». Благословен Ты, Бог, за эту землю и за эту пищу!

רַחֵם Смилуйся, Господь, Бог наш, над Израилем, Твоим народом, и над Иерусалимом, Твоим городом, и над Сионом, обителью Славы Твоей, и над царствующим родом Давида, Твоего помазанника, и над Храмом, великим и святым, носящим Имя Твое! Бог наш, Отец наш, Пастырь наш, веди нас, поддерживай нас, обеспечивай и корми нас, и освободи нас, Господь, Бог наш, поскорее от всех наших бедствий. И пусть не будет у нас нужды, Господь, Бог наш, в подаяниях и одолжениях людских, а только в Твоей руке изобильной, щедрой и святой, и не испытывали бы мы стеснения и позор вовеки.

Если седер происходит в пятницу вечером, добавляют:

רְצֵה Благосклонен будь к нам и укрепи нас, Господь, Бог наш, в соблюдении Твоих заповедей и в заповеди об этом седьмом дне, великой и святой субботе, ибо этот день велик и свят пред Тобой, чтобы проводить его в покое и отдыхе, с любовью, согласно Твоему повелению. Пусть же будет Твоя воля, Господь, Бог наш, на то, чтобы не было у нас беды, горя и скорби в день отдыха нашего. И дай нам увидеть, Господь, Бог наш, утешение Сиона, Твоего города, и восстановление Иерусалима, города святости Твоей, ибо Ты – Владыка спасающий и утешающий.

Отрывок, начиная со слов «Вспомни нас» до «лучной», ведущий читает вслух, а остальные отвечают: *Амен*!

אֱלֹהֵינוּ Бог наш и Бог наших отцов! Пусть же вознесется, и дойдет, и достигнет, и явится, и воспримется благосклонно, будет услышано, и отме-

זִכְרוֹנֵנוּ וּפִקְדּוֹנֵנוּ, וְזִכְרוֹן אֲבוֹתֵינוּ, וְזִכְרוֹן מָשִׁיחַ בֶּן
דָּוִד עַבְדֶּךָ, וְזִכְרוֹן יְרוּשָׁלַיִם עִיר קָדְשֶׁךָ, וְזִכְרוֹן כָּל
עַמְּךָ בֵּית יִשְׂרָאֵל לְפָנֶיךָ, לִפְלֵיטָה לְטוֹבָה, לְחֵן
וּלְחֶסֶד וּלְרַחֲמִים וּלְחַיִּים טוֹבִים וּלְשָׁלוֹם, בְּיוֹם חַג
הַמַּצּוֹת הַזֶּה, בְּיוֹם טוֹב מִקְרָא קֹדֶשׁ הַזֶּה, זָכְרֵנוּ
יְיָ אֱלֹהֵינוּ בּוֹ לְטוֹבָה (אָמֵן), וּפָקְדֵנוּ בוֹ לִבְרָכָה
(אָמֵן), וְהוֹשִׁיעֵנוּ בּוֹ לְחַיִּים טוֹבִים (אָמֵן), וּבִדְבַר
יְשׁוּעָה וְרַחֲמִים, חוּס וְחָנֵּנוּ, וְרַחֵם עָלֵינוּ וְהוֹשִׁיעֵנוּ,
כִּי אֵלֶיךָ עֵינֵינוּ, כִּי אֵל מֶלֶךְ חַנּוּן וְרַחוּם אָתָּה:

וּבְנֵה יְרוּשָׁלַיִם עִיר הַקֹּדֶשׁ בִּמְהֵרָה בְיָמֵינוּ. בָּרוּךְ
אַתָּה יְיָ, בֹּנֵה בְרַחֲמָיו יְרוּשָׁלָיִם. אָמֵן:

Ставят бокал на стол.

בָּרוּךְ אַתָּה יְיָ, אֱלֹהֵינוּ מֶלֶךְ הָעוֹלָם, הָאֵל, אָבִינוּ
מַלְכֵּנוּ, אַדִּירֵנוּ בּוֹרְאֵנוּ גּוֹאֲלֵנוּ יוֹצְרֵנוּ,
קְדוֹשֵׁנוּ קְדוֹשׁ יַעֲקֹב, רוֹעֵנוּ רוֹעֵה יִשְׂרָאֵל הַמֶּלֶךְ
הַטּוֹב וְהַמֵּטִיב לַכֹּל בְּכָל יוֹם וָיוֹם, הוּא הֵטִיב לָנוּ,
הוּא מֵטִיב לָנוּ, הוּא יֵטִיב לָנוּ, הוּא גְמָלָנוּ הוּא
גוֹמְלֵנוּ הוּא יִגְמְלֵנוּ לָעַד, לְחֵן וּלְחֶסֶד וּלְרַחֲמִים,
וּלְרֶוַח הַצָּלָה וְהַצְלָחָה, בְּרָכָה וִישׁוּעָה, נֶחָמָה פַּרְנָסָה
וְכַלְכָּלָה וְרַחֲמִים וְחַיִּים וְשָׁלוֹם וְכָל טוֹב וּמִכָּל
טוֹב לְעוֹלָם אַל יְחַסְּרֵנוּ: הָרַחֲמָן הוּא יִמְלוֹךְ עָלֵינוּ
לְעוֹלָם וָעֶד: הָרַחֲמָן הוּא יִתְבָּרֵךְ בַּשָּׁמַיִם וּבָאָרֶץ:
הָרַחֲמָן הוּא יִשְׁתַּבַּח לְדוֹר דּוֹרִים וְיִתְפָּאֵר בָּנוּ לָעַד
וּלְנֵצַח נְצָחִים וְיִתְהַדַּר בָּנוּ לָעַד וּלְעוֹלְמֵי עוֹלָמִים:
הָרַחֲמָן הוּא יְפַרְנְסֵנוּ בְּכָבוֹד: הָרַחֲמָן הוּא יִשְׁבּוֹר

чено, и запомнится напоминание о нас и о наших
отцах, и память о Машиахе, сыне Давида, Твоего
раба, и память о Иерусалиме, святом городе Твоем,
и память о всем народе Твоем, доме Израиля, ради
спасения, во имя добра и милости, любви и мило-
сердия, благополучной жизни и мира в день этого
праздника мацы, в этот день святой и празднич-
ный. Вспомни нас, Господь, Бог наш, в день этот
нам во благо (Амен). Отметь нас благословением
(Амен). Спаси нас в этот день для жизни благополучной (Амен). Словом своим о спасении и милосердии пощади, и помилуй нас, и сжалься над нами,
и спаси нас, ибо к Тебе обращены наши глаза, ведь
ты Бог – Владыка милостивый и милосердный.

וּבְנֵה И восстанови Иерусалим, город святой, вскоре, в наши дни. Благословен Ты, Господь, восстанав-
ливающий в милосердии своем Иерусалим. *Амен!*

Ставят бокал на стол.

בָּרוּךְ Благословен Ты, Господь, Бог наш, Владыка
вселенной, Отец наш, Владыка наш, Всемогущий
наш, Создатель наш, Избавитель наш и Творец
наш, Святой наш, Святой Яакова, Пастырь наш и
Пастырь Израиля, Владыка добра, творящий благо
для всех изо дня в день! Он благодетельствовал нам,
Он благодетельствует нам, Он будет благодетель-
ствовать; Он воздавал нам, Он воздает нам, Он
вовеки будет воздавать нам благоволение, любовь и
милосердие, облегчение, избавление и успех, благословение и спасение, утешение, пропитание, и до-
статок, и милость, и жизнь, и мир, и всякое благо,
и любыми благами не обделит нас никогда. Милосердный, пусть Он вечно царствует над нами! Милосердный, да благословен Он на небе и на земле!
Милосердный, восхвален будет Он из поколения в
поколение, да прославится нами всегда, на веки

עוֹל גָּלוּת מֵעַל צַוְּארֵנוּ וְהוּא יוֹלִיכֵנוּ קוֹמְמִיּוּת
לְאַרְצֵנוּ: הָרַחֲמָן הוּא יִשְׁלַח בְּרָכָה מְרֻבָּה בְּבַיִת
זֶה וְעַל שֻׁלְחָן זֶה שֶׁאָכַלְנוּ עָלָיו: הָרַחֲמָן הוּא
יִשְׁלַח לָנוּ אֶת אֵלִיָּהוּ הַנָּבִיא זָכוּר לַטּוֹב וִיבַשֶּׂר
לָנוּ בְּשׂוֹרוֹת טוֹבוֹת יְשׁוּעוֹת וְנֶחָמוֹת: הָרַחֲמָן הוּא
יְבָרֵךְ אֶת אָבִי מוֹרִי בַּעַל הַבַּיִת הַזֶּה וְאֶת אִמִּי
מוֹרָתִי בַּעֲלַת הַבַּיִת הַזֶּה אוֹתָם וְאֶת בֵּיתָם וְאֶת
זַרְעָם וְאֶת כָּל אֲשֶׁר לָהֶם אוֹתָנוּ וְאֶת כָּל אֲשֶׁר
לָנוּ: כְּמוֹ שֶׁבֵּרַךְ אֶת אֲבוֹתֵינוּ אַבְרָהָם יִצְחָק וְיַעֲקֹב
בַּכֹּל מִכֹּל כֹּל, כֵּן יְבָרֵךְ אוֹתָנוּ (בְּנֵי בְרִית) כֻּלָּנוּ יַחַד
בִּבְרָכָה שְׁלֵמָה וְנֹאמַר אָמֵן:

מִמָּרוֹם יְלַמְּדוּ עָלָיו וְעָלֵינוּ זְכוּת שֶׁתְּהֵא
לְמִשְׁמֶרֶת שָׁלוֹם וְנִשָּׂא בְרָכָה מֵאֵת יְיָ
וּצְדָקָה מֵאֱלֹהֵי יִשְׁעֵנוּ וְנִמְצָא חֵן וְשֵׂכֶל טוֹב בְּעֵינֵי
אֱלֹהִים וְאָדָם:

В пятницу вечером добавляют:

הָרַחֲמָן הוּא יַנְחִילֵנוּ לְיוֹם שֶׁכֻּלּוֹ שַׁבָּת וּמְנוּחָה לְחַיֵּי
הָעוֹלָמִים:

הָרַחֲמָן הוּא יַנְחִילֵנוּ לְיוֹם שֶׁכֻּלּוֹ טוֹב:

הָרַחֲמָן הוּא יְזַכֵּנוּ לִימוֹת הַמָּשִׁיחַ וּלְחַיֵּי הָעוֹלָם
הַבָּא. מִגְדֹּל יְשׁוּעוֹת מַלְכּוֹ וְעֹשֶׂה חֶסֶד
לִמְשִׁיחוֹ לְדָוִד וּלְזַרְעוֹ עַד עוֹלָם: עֹשֶׂה שָׁלוֹם
בִּמְרוֹמָיו הוּא יַעֲשֶׂה שָׁלוֹם עָלֵינוּ וְעַל כָּל יִשְׂרָאֵל
וְאִמְרוּ אָמֵן:

вечные, и мы будем венцом славы его, вовеки! Милосердный, пусть Он даст нам достойное пропитание! Милосердный, сокрушит Он ярмо изгнания с шеи нашей и поведет нас распрямившихся в нашу страну! Милосердный, Он пошлет благословение великое этому дому и столу этому, за которым мы ели! Милосердный, он пошлет нам пророка Элияѓу – благословенной памяти, и возвестит нам добрые вести о спасении и утешении! Милосердный, Он благословит моего отца, наставника моего, хозяина дома этого, и мать мою – наставницу мою, хозяйку дома этого, их, и дом их, и потомство их, и все, принадлежащее им, нас и все, что принадлежит нам, как благословил Он отцов наших Авраѓама, Ицхака и Яакова – «во всем», «от всего», «всем». Да благословит Он нас (сыновей завета) всех вместе полным благословением. И скажем: *Амен*!

ממרום Пусть же в высших мирах заступятся за него и за нас, чтобы удостоились мы мира и благословения от Господа, милости от Бога спасения, снискали благосклонность и удачу у Бога и у людей.

В пятницу вечером добавляют:
הרחמן Милосердный, да пошлет Он нам день жизни вечной, который весь – суббота и отдохновение!

הרחמן Милосердный, да пошлет Он нам день, который весь полный блаженства – праздник!

הרחמן Милосердный, да удостоит Он нас прихода Машиаха и жизни в будущем мире! В величии спасающий царя Своего, вечно милостивый к помазаннику Своему Давиду и потомству его. Творящий мир в высотах Своих, Он дарует мир нам и всему Израилю. И скажем: *Амен*!

יְראוּ אֶת יְיָ קְדֹשָׁיו, כִּי אֵין מַחְסוֹר לִירֵאָיו:
כְּפִירִים רָשׁוּ וְרָעֵבוּ, וְדֹרְשֵׁי יְיָ לֹא יַחְסְרוּ
כָל טוֹב: הוֹדוּ לַיְיָ כִּי טוֹב, כִּי לְעוֹלָם חַסְדּוֹ: פּוֹתֵחַ
אֶת יָדֶךָ, וּמַשְׂבִּיעַ לְכָל חַי רָצוֹן: בָּרוּךְ הַגֶּבֶר אֲשֶׁר
יִבְטַח בַּיְיָ, וְהָיָה יְיָ מִבְטַחוֹ:

ומברך על הכוס ושותה בהסיבה

Держат бокал, как во время *кидуша*, и произносят благословение:

בָּרוּךְ אַתָּה יְיָ, אֱלֹהֵינוּ מֶלֶךְ הָעוֹלָם, בּוֹרֵא פְּרִי הַגָּפֶן:

Затем, облокотившись на левую руку, полностью выпивают весь бокал или хотя бы большую его часть.

מוזגין כוס ד' ופותחין הדלת ואומר:

Наполняют четвертый бокал.

Открывают все двери между помещением, где проходит *седер*, и улицей и произносят следующий текст.

Тот, кого посылают открывать двери, читает этот отрывок около входной двери, все остальные – сидя. В будние дни принято подходить к входной двери с зажженными свечами.

שְׁפֹךְ חֲמָתְךָ אֶל הַגּוֹיִם אֲשֶׁר לֹא יְדָעוּךָ, וְעַל
מַמְלָכוֹת אֲשֶׁר בְּשִׁמְךָ לֹא קָרָאוּ: כִּי
אָכַל אֶת יַעֲקֹב, וְאֶת נָוֵהוּ הֵשַׁמּוּ: שְׁפָךְ עֲלֵיהֶם
זַעְמֶךָ וַחֲרוֹן אַפְּךָ יַשִּׂיגֵם: תִּרְדֹּף בְּאַף
וְתַשְׁמִידֵם מִתַּחַת שְׁמֵי יְיָ:

После завершения чтения дверь закрывают; все возвращаются на свои места и переходят к чтению *Галеля*.

הלל נרצה

לֹא לָנוּ יְיָ, לֹא לָנוּ, כִּי לְשִׁמְךָ תֵּן כָּבוֹד, עַל
חַסְדְּךָ עַל אֲמִתֶּךָ: לָמָּה יֹאמְרוּ הַגּוֹיִם, אַיֵּה

יראו Страшитесь Бога, святые праведники Его, ведь не нуждаются боящиеся Его. Нечестивцы жестокие, как львята нищенствуют и голодают, но у стремящихся к Господу не будет ни в чем недостатка. Славьте Бога, ибо Он добр и вечна милость Его! Раскрываешь Ты ладонь Свою и удовлетворяешь желания всего живого. Благословен человек, полагающийся на Господа, – Господь будет опорой ему.

Держат бокал, как во время *кидуша*, и произносят благословение:

ברוך Благословен Ты, Господь, Бог наш, Владыка вселенной, творящий плод виноградной лозы.

Затем, облокотившись на левую руку, полностью выпивают весь бокал или хотя бы большую его часть.

Наполняют четвертый бокал.

Открывают все двери между помещением, где проходит *седер*, и улицей и произносят следующий текст.

Тот, кого посылают открывать двери, читает этот отрывок около входной двери, все остальные – сидя. В будние дни принято подходить к входной двери с зажженными свечами.

שפוך «Излей ярость Свою на народы, которые не знают Тебя, и на царства, которые не призывают имени Твоего; ибо они пожрали Яакова и разорили Храм – жилище его». «Излей на них гнев Свой, и пламя гнева Твоего пусть настигнет их». «Преследуй их во гневе и истреби их из-под небес Господних».

После завершения чтения дверь закрывают; все возвращаются на свои места и переходят к чтению Ѓалеля.

Ѓалель Нирца

לא Не нам, Господи, не нам, но имени Твоему окажи почет – ради милости Твоей, ради верности Твоей. Почему говорят народы: «Где же Бог их?» А

נָא אֱלֹהֵיהֶם: וֵאלֹהֵינוּ בַשָּׁמָיִם, כֹּל אֲשֶׁר חָפֵץ עָשָׂה: עֲצַבֵּיהֶם כֶּסֶף וְזָהָב, מַעֲשֵׂה יְדֵי אָדָם: פֶּה לָהֶם וְלֹא יְדַבֵּרוּ, עֵינַיִם לָהֶם וְלֹא יִרְאוּ: אָזְנַיִם לָהֶם וְלֹא יִשְׁמָעוּ, אַף לָהֶם וְלֹא יְרִיחוּן: יְדֵיהֶם וְלֹא יְמִישׁוּן, רַגְלֵיהֶם וְלֹא יְהַלֵּכוּ, לֹא יֶהְגּוּ בִּגְרוֹנָם: כְּמוֹהֶם יִהְיוּ עֹשֵׂיהֶם, כֹּל אֲשֶׁר בֹּטֵחַ בָּהֶם: יִשְׂרָאֵל בְּטַח בַּיְיָ, עֶזְרָם וּמָגִנָּם הוּא: בֵּית אַהֲרֹן בִּטְחוּ בַיְיָ, עֶזְרָם וּמָגִנָּם הוּא: יִרְאֵי יְיָ בִּטְחוּ בַיְיָ, עֶזְרָם וּמָגִנָּם הוּא:

יְיָ זְכָרָנוּ יְבָרֵךְ, יְבָרֵךְ אֶת בֵּית יִשְׂרָאֵל, יְבָרֵךְ אֶת בֵּית אַהֲרֹן: יְבָרֵךְ יִרְאֵי יְיָ, הַקְּטַנִּים עִם הַגְּדֹלִים: יֹסֵף יְיָ עֲלֵיכֶם, עֲלֵיכֶם וְעַל בְּנֵיכֶם: בְּרוּכִים אַתֶּם לַיְיָ, עֹשֵׂה שָׁמַיִם וָאָרֶץ: הַשָּׁמַיִם שָׁמַיִם לַיְיָ, וְהָאָרֶץ נָתַן לִבְנֵי אָדָם: לֹא הַמֵּתִים יְהַלְלוּ יָהּ, וְלֹא כָּל יֹרְדֵי דוּמָה: וַאֲנַחְנוּ נְבָרֵךְ יָהּ, מֵעַתָּה וְעַד עוֹלָם, הַלְלוּיָהּ:

אָהַבְתִּי, כִּי יִשְׁמַע יְיָ אֶת קוֹלִי תַּחֲנוּנָי: כִּי הִטָּה אָזְנוֹ לִי, וּבְיָמַי אֶקְרָא: אֲפָפוּנִי חֶבְלֵי מָוֶת, וּמְצָרֵי שְׁאוֹל מְצָאוּנִי, צָרָה וְיָגוֹן אֶמְצָא: וּבְשֵׁם יְיָ אֶקְרָא, אָנָּה יְיָ מַלְּטָה נַפְשִׁי: חַנּוּן יְיָ וְצַדִּיק, וֵאלֹהֵינוּ מְרַחֵם: שֹׁמֵר פְּתָאִים יְיָ, דַּלּוֹתִי וְלִי יְהוֹשִׁיעַ: שׁוּבִי נַפְשִׁי לִמְנוּחָיְכִי, כִּי יְיָ גָּמַל עָלָיְכִי: כִּי חִלַּצְתָּ נַפְשִׁי מִמָּוֶת, אֶת עֵינִי מִן דִּמְעָה, אֶת רַגְלִי מִדֶּחִי: אֶתְהַלֵּךְ לִפְנֵי יְיָ, בְּאַרְצוֹת הַחַיִּים:

Бог наш – на небесах. Все, что пожелает, делает Он. Идолы их – серебро и золото, дело рук человеческих: рот есть у них – но не говорят, есть глаза у них – но не видят, есть уши у них – но не слышат, есть нос у них – но не обоняют, есть руки у них – но не осязают, есть ноги у них – но не ходят, не издает звука гортань их. Пусть подобны им будут делающие их, всякий полагающийся на них. Израиль, полагайся на Господа! Он помощь их и защита их. Дом Аѓарона, полагайся на Господа! Он помощь их и защита их. Боящиеся Господа, полагайтесь на Господа! Он помощь их и защита их.

" Господь, помнящий нас, благословит Он, благословит Он дом Израиля, благословит Он дом Аѓарона! Благословит Он боящихся Господа – от мала до велика. Да прибавит Господь (благословения) вам, вам и детям вашим. Благословенны вы Господом, сотворившим небо и землю. Небеса эти, небеса – Господу, а землю Он отдал сынам человеческим. Не умершие хвалить будут Господа и не нисходящие в могилу, а мы благословлять будем Господа отныне и вовеки. *Восхвалите Бога!*

אהבתי Люблю я, когда слышит Господь голос мой, мольбу мою, Ибо приклонил Он ко мне ухо Свое; и в дни мои призывать буду (Его). Опутали меня узы смерти, и страдания адские настигли меня, бедствие и скорбь обрел я. И призвал я имя Господне, прошу, Господи, спаси душу мою. Милостив Господь и справедлив, и милосерден Бог наш. Хранит Господь простодушных; изнемог я, но Он спас меня. Возвратись, душа моя, к покою твоему, потому что воздал Господь благом тебе, Ибо спас Ты от смерти душу мою, очи мои – от слез, ноги мои – от преткновения. Ходить буду пред Господом по земле живых. Верил я, даже когда говорил: «я тяжко страдаю».

הֶאֱמַנְתִּי כִּי אֲדַבֵּר, אֲנִי עָנִיתִי מְאֹד: אֲנִי אָמַרְתִּי
בְחָפְזִי, כָּל הָאָדָם כֹּזֵב:

מָה אָשִׁיב לַיְיָ, כָּל תַּגְמוּלוֹהִי עָלָי: כּוֹס יְשׁוּעוֹת
אֶשָּׂא, וּבְשֵׁם יְיָ אֶקְרָא: נְדָרַי לַיְיָ אֲשַׁלֵּם,
נֶגְדָה נָּא לְכָל עַמּוֹ: יָקָר בְּעֵינֵי יְיָ, הַמָּוְתָה
לַחֲסִידָיו: אָנָּה יְיָ כִּי אֲנִי עַבְדֶּךָ, אֲנִי עַבְדְּךָ בֶּן
אֲמָתֶךָ, פִּתַּחְתָּ לְמוֹסֵרָי: לְךָ אֶזְבַּח זֶבַח תּוֹדָה,
וּבְשֵׁם יְיָ אֶקְרָא: נְדָרַי לַיְיָ אֲשַׁלֵּם, נֶגְדָה נָּא לְכָל
עַמּוֹ: בְּחַצְרוֹת בֵּית יְיָ, בְּתוֹכֵכִי יְרוּשָׁלַיִם, הַלְלוּיָהּ:

הַלְלוּ אֶת יְיָ כָּל גּוֹיִם, שַׁבְּחוּהוּ כָּל הָאֻמִּים: כִּי
גָבַר עָלֵינוּ חַסְדּוֹ, וֶאֱמֶת יְיָ לְעוֹלָם,
הַלְלוּיָהּ:

Следующие четыре стиха ведущий читает вслух. После каждого стиха участники
отвечают: הוֹדוּ לַיְיָ כִּי טוֹב כִּי לְעוֹלָם חַסְדּוֹ, а затем вполголоса произносят следующий стих. Ведущий произносит «Поблагодарим Господа» после каждого из
трех стихов. Тот, кто читает Галель в одиночестве, не произносит стихи, напеча-
танные более крупным шрифтом.

—Ведущий	**הוֹדוּ לַיְיָ כִּי טוֹב,** כִּי לְעוֹלָם חַסְדּוֹ:
—Остальные	הוֹדוּ לַיְיָ כִּי טוֹב, כִּי לְעוֹלָם חַסְדּוֹ:
	יֹאמַר נָא יִשְׂרָאֵל, כִּי לְעוֹלָם חַסְדּוֹ:
—Ведущий	**יֹאמַר נָא יִשְׂרָאֵל,** כִּי לְעוֹלָם חַסְדּוֹ:
—Остальные	הוֹדוּ לַיְיָ כִּי טוֹב, כִּי לְעוֹלָם חַסְדּוֹ:
	יֹאמְרוּ נָא בֵית אַהֲרֹן, כִּי לְעוֹלָם חַסְדּוֹ:
—Ведущий	**יֹאמְרוּ נָא בֵית אַהֲרֹן,** כִּי לְעוֹלָם חַסְדּוֹ:
—Остальные	הוֹדוּ לַיְיָ כִּי טוֹב, כִּי לְעוֹלָם חַסְדּוֹ:
	יֹאמְרוּ נָא יִרְאֵי יְיָ, כִּי לְעוֹלָם חַסְדּוֹ:

Сказал я поспешно в опрометчивости своей: «все люди вероломны».

מה Чем воздам я Господу за все благодеяния Его? Чашу спасения подниму и имя Господне призову. Обеты мои Господу исполню пред всем народом Его. Тяжела в глазах Господа смерть благочестивых Его. Прошу, Господи, ибо я раб Твой, я раб Твой, сын рабыни Твоей, разорвал Ты оковы мои! Тебе принесу жертву благодарения и имя Господне призову. Обеты мои Господу исполню пред всем народом Его, во дворах дома Господня, среди тебя, Иерусалим. Восхвалите Бога!

הללו Хвалите Господа, все народы, славьте Его, все племена. Потому что велика милость Его к нам и истина Господня – навек. Восхвалите Бога!

Следующие четыре стиха ведущий читает вслух. После каждого стиха участники отвечают: «Поблагодарим Господа, ибо Он добр, ибо вечна милость Его!», а затем вполголоса произносят следующий стих. Ведущий произносит «Поблагодарим Господа» после каждого из трех стихов.

Ведущий—הודו **Благодарите Господа, ибо (Он) добр,**
ибо навеки милость Его!

Остальные—הודו Благодарите Господа, ибо (Он) добр,
ибо навеки милость Его!

יאמר Пусть скажет Израиль теперь,
что вечна милость Его!

Ведущий—יאמר **Пусть скажет Израиль теперь,**
что вечна милость Его!

Остальные—Благодарите Господа, ибо (Он) добр,
ибо навеки милость Его!

יאמרו Пусть скажет дом Агарона теперь,
что вечна милость Его!

Ведущий—יאמרו **Пусть скажет дом Агарона теперь,**
что вечна милость Его!

Остальные—Благодарите Господа, ибо (Он) добр,
ибо навеки милость Его!

יאמרו Пусть скажут боящиеся Господа теперь,
что навеки милость Его!

יֹאמְרוּ נָא יִרְאֵי יְיָ,   כִּי לְעוֹלָם חַסְדּוֹ: —Ведущий

—Остальные הוֹדוּ לַיְיָ כִּי טוֹב,   כִּי לְעוֹלָם חַסְדּוֹ:

מִן הַמֵּצַר קָרָאתִי יָּהּ, עָנָנִי בַמֶּרְחָב יָהּ: יְיָ לִי לֹא
אִירָא, מַה יַּעֲשֶׂה לִי אָדָם: יְיָ לִי בְּעֹזְרָי, וַאֲנִי
אֶרְאֶה בְשֹׂנְאָי: טוֹב לַחֲסוֹת בַּיְיָ, מִבְּטֹחַ בָּאָדָם: טוֹב
לַחֲסוֹת בַּיְיָ, מִבְּטֹחַ בִּנְדִיבִים: כָּל גּוֹיִם סְבָבוּנִי, בְּשֵׁם
יְיָ כִּי אֲמִילַם: סַבּוּנִי גַם סְבָבוּנִי, בְּשֵׁם יְיָ כִּי אֲמִילַם:
סַבּוּנִי כִדְבֹרִים דֹּעֲכוּ כְּאֵשׁ קוֹצִים, בְּשֵׁם יְיָ כִּי
אֲמִילַם: דָּחֹה דְחִיתַנִי לִנְפֹּל, וַיְיָ עֲזָרָנִי: עָזִּי וְזִמְרָת יָהּ,
וַיְהִי לִי לִישׁוּעָה: קוֹל רִנָּה וִישׁוּעָה בְּאָהֳלֵי צַדִּיקִים,
יְמִין יְיָ עֹשָׂה חָיִל: יְמִין יְיָ רוֹמֵמָה, יְמִין יְיָ עֹשָׂה חָיִל:
לֹא אָמוּת כִּי אֶחְיֶה, וַאֲסַפֵּר מַעֲשֵׂי יָהּ: יַסֹּר יִסְּרַנִּי יָהּ,
וְלַמָּוֶת לֹא נְתָנָנִי: פִּתְחוּ לִי שַׁעֲרֵי צֶדֶק, אָבֹא בָם
אוֹדֶה יָהּ: זֶה הַשַּׁעַר לַיְיָ, צַדִּיקִים יָבֹאוּ בוֹ: אוֹדְךָ כִּי
עֲנִיתָנִי, וַתְּהִי לִי לִישׁוּעָה: אוֹדְךָ כִּי עֲנִיתָנִי, וַתְּהִי לִי
לִישׁוּעָה: אֶבֶן מָאֲסוּ הַבּוֹנִים, הָיְתָה לְרֹאשׁ פִּנָּה: אֶבֶן
מָאֲסוּ הַבּוֹנִים, הָיְתָה לְרֹאשׁ פִּנָּה: מֵאֵת יְיָ הָיְתָה
זֹּאת, הִיא נִפְלָאת בְּעֵינֵינוּ: מֵאֵת יְיָ הָיְתָה זֹּאת, הִיא
נִפְלָאת בְּעֵינֵינוּ: זֶה הַיּוֹם עָשָׂה יְיָ, נָגִילָה וְנִשְׂמְחָה
בוֹ: זֶה הַיּוֹם עָשָׂה יְיָ, נָגִילָה וְנִשְׂמְחָה בוֹ:

Ведущий читает вслух каждый из четырех стихов, остальные повторяют за ним:

אָנָּא יְיָ הוֹשִׁיעָה נָּא:

אָנָּא יְיָ הוֹשִׁיעָה נָּא:

אָנָּא יְיָ הַצְלִיחָה נָא:

אָנָּא יְיָ הַצְלִיחָה נָא:

Ведущий–יאמרו **Пусть скажут боящиеся Господа теперь,
что навеки милость Его!**

Остальные–Благодарите Господа, ибо (Он) добр,
ибо навеки милость Его!

מן Из теснин воззвал я к Богу – простором ответил мне Бог. Господь со мной, не устрашусь. Что сделает мне человек? Господь мне в помощь, и увижу я (гибель) ненавидящих меня. Лучше уповать на Господа, чем надеяться на человека. Лучше уповать на Господа, чем надеяться на благодетелей. Все народы окружили меня, но именем Господним я уничтожу их. Обступили меня, окружили, но именем Господним я уничтожу их. Осадили меня, как пчелы, (но) угасли, как огонь (в) колючках, – именем Бога я уничтожу их. Как сильно не толкал меня, чтобы упал (я), но Господь помог мне. Сила моя и ликование – Господь, и стал Он спасением мне. Голос радости и спасения в шатрах праведников, десница Бога творит силу. Десница Господня вознесена, десница Господня творит силу. Не умру, но жив буду и расскажу (о) деяниях Господних. Сурово наказал меня Господь, но смерти не предал. Откройте мне ворота справедливости, я войду в них, возблагодарю Господа. Это ворота Господни, праведники войдут в них. Возблагодарю Тебя, ибо Ты ответил мне и стал мне спасением. Камень, который отвергли строители, стал краеугольным. От Господа было это, дивно это в глазах наших. Это день, сотворенный Богом, будем ликовать и радоваться ему. Это день, сотворенный Господом, будем ликовать и радоваться ему.

Ведущий читает вслух каждый из четырех стихов, остальные повторяют за ним:

אנא **Мы молим: Господь, спаси нас теперь!**

אנא **Мы молим: Господь, спаси нас теперь!**

אנא **Мы молим: Господь, даруй нам удачу теперь!**

אנא **Мы молим: Господь, даруй нам удачу теперь!**

בָּרוּךְ הַבָּא בְּשֵׁם יְיָ, בֵּרַכְנוּכֶם מִבֵּית יְיָ: בָּרוּךְ
הַבָּא בְּשֵׁם יְיָ, בֵּרַכְנוּכֶם מִבֵּית יְיָ: אֵל
יְיָ וַיָּאֶר לָנוּ, אִסְרוּ חַג בַּעֲבֹתִים, עַד קַרְנוֹת
הַמִּזְבֵּחַ: אֵל יְיָ וַיָּאֶר לָנוּ, אִסְרוּ חַג בַּעֲבֹתִים,
עַד קַרְנוֹת הַמִּזְבֵּחַ: אֵלִי אַתָּה וְאוֹדֶךָּ, אֱלֹהַי
אֲרוֹמְמֶךָּ: אֵלִי אַתָּה וְאוֹדֶךָּ, אֱלֹהַי אֲרוֹמְמֶךָּ:
הוֹדוּ לַיְיָ כִּי טוֹב, כִּי לְעוֹלָם חַסְדּוֹ: הוֹדוּ לַיְיָ
כִּי טוֹב, כִּי לְעוֹלָם חַסְדּוֹ:

יְהַלְלוּךָ יְיָ אֱלֹהֵינוּ (עַל) כָּל מַעֲשֶׂיךָ, וַחֲסִידֶיךָ
צַדִּיקִים עוֹשֵׂי רְצוֹנֶךָ, וְכָל עַמְּךָ בֵּית
יִשְׂרָאֵל, בְּרִנָּה יוֹדוּ וִיבָרְכוּ, וִישַׁבְּחוּ וִיפָאֲרוּ,
וִירוֹמְמוּ וְיַעֲרִיצוּ, וְיַקְדִּישׁוּ וְיַמְלִיכוּ אֶת שִׁמְךָ
מַלְכֵּנוּ. כִּי לְךָ טוֹב לְהוֹדוֹת, וּלְשִׁמְךָ נָאֶה לְזַמֵּר,
כִּי מֵעוֹלָם וְעַד עוֹלָם אַתָּה אֵל:

В этом псалме 26 стихов, что соответствует гематрии Тетраграмматона (юд-ʲэй-
-вав-ʲэй). Произнося первые десять стихов, нужно держать в уме (но не произ-
-носить) букву йуд י Тетраграмматона; следующие пять стихов – букву ʲэй ה;
следующие шесть – букву вав ו; и последние пять – вторую букву ʲэй ה.

הוֹדוּ לַיְיָ כִּי טוֹב,   כִּי לְעוֹלָם חַסְדּוֹ:

הוֹדוּ לֵאלֹהֵי הָאֱלֹהִים,   כִּי לְעוֹלָם חַסְדּוֹ:

הוֹדוּ לַאֲדֹנֵי הָאֲדֹנִים,   כִּי לְעוֹלָם חַסְדּוֹ:

לְעֹשֵׂה נִפְלָאוֹת גְּדֹלוֹת לְבַדּוֹ,   כִּי לְעוֹלָם חַסְדּוֹ:

לְעֹשֵׂה הַשָּׁמַיִם בִּתְבוּנָה,   כִּי לְעוֹלָם חַסְדּוֹ:

לְרוֹקַע הָאָרֶץ עַל הַמָּיִם,   כִּי לְעוֹלָם חַסְדּוֹ:

בָּרוּךְ Благословен пришедший с именем Господа, благословляем вас из дома Господня! Благословен приходящий во имя Господне, благословляем вас из дома Господня! Всесилен Господь, и Он озарил нас светом; свяжите праздничную (жертву), прежде чем приведете ее к углу жертвенника! Всесилен Господь, и Он озарил нас светом; свяжите праздничную (жертву), прежде чем приведете ее к углу жертвенника! Бог мой Ты, и я благодарить буду Тебя, Бог мой, превозносить буду Тебя! Бог мой Ты, и я благодарить буду Тебя, Бог мой, превозносить буду Тебя! Благодарите Господа, ибо (Он) добр, ибо навеки милость Его! Благодарите Господа, ибо (Он) добр, ибо навеки милость Его!

יְהַלְלוּךְ И восславят Тебя, Господь, Бог наш, все деяния Твои; и благочестивые Твои, праведники, выполняющие волю Твою, и весь народ твой, дом Израиля, будут с пением благодарить, и благословлять, и прославлять, и восхвалять, и превозносить, и возвеличивать, и возглашать святость и царственность Имени Твоего, Владыка наш. Отрадно благодарить Тебя и Имя Твое подобает воспевать, потому что Ты – Бог на веки вечные.

В этом псалме 26 стихов, что соответствует гематрии Тетраграмматона (юд-ѓэй-вав-ѓэй). Произнося первые десять стихов, нужно держать в уме (но не произносить) букву йуд י Тетраграмматона; следующие пять стихов – букву ѓэй ה; следующие шесть – букву вав ו; и последние пять – вторую букву ѓэй ה.

הוֹדוּ Благодарите Господа, ибо (Он) добр,

ибо навеки милость Его;

Благодарите Бога повелевающего высшими силами,

ибо навеки милость Его;

Благодарите Властелина владык,

ибо навеки милость Его;

Того, кто Один творит чудеса великие,

ибо навеки милость Его;

Сотворившего небеса мудростью,

ибо навеки милость Его;

Распростершего землю на водах,

ибо навеки милость Его;

לְעֹשֵׂה אוֹרִים גְּדֹלִים,   כִּי לְעוֹלָם חַסְדּוֹ:

אֶת הַשֶּׁמֶשׁ לְמֶמְשֶׁלֶת בַּיּוֹם,   כִּי לְעוֹלָם חַסְדּוֹ:

אֶת הַיָּרֵחַ וְכוֹכָבִים לְמֶמְשְׁלוֹת בַּלָּיְלָה,

כִּי לְעוֹלָם חַסְדּוֹ:

לְמַכֵּה מִצְרַיִם בִּבְכוֹרֵיהֶם,   (ז) כִּי לְעוֹלָם חַסְדּוֹ:

וַיּוֹצֵא יִשְׂרָאֵל מִתּוֹכָם,   כִּי לְעוֹלָם חַסְדּוֹ:

בְּיָד חֲזָקָה וּבִזְרוֹעַ נְטוּיָה,   כִּי לְעוֹלָם חַסְדּוֹ:

לְגֹזֵר יַם סוּף לִגְזָרִים,   כִּי לְעוֹלָם חַסְדּוֹ:

וְהֶעֱבִיר יִשְׂרָאֵל בְּתוֹכוֹ,   כִּי לְעוֹלָם חַסְדּוֹ:

וְנִעֵר פַּרְעֹה וְחֵילוֹ בְיַם סוּף, (ה) כִּי לְעוֹלָם חַסְדּוֹ:

לְמוֹלִיךְ עַמּוֹ בַּמִּדְבָּר,   כִּי לְעוֹלָם חַסְדּוֹ:

לְמַכֵּה מְלָכִים גְּדֹלִים,   כִּי לְעוֹלָם חַסְדּוֹ:

וַיַּהֲרֹג מְלָכִים אַדִּירִים,   כִּי לְעוֹלָם חַסְדּוֹ:

לְסִיחוֹן מֶלֶךְ הָאֱמֹרִי,   כִּי לְעוֹלָם חַסְדּוֹ:

וּלְעוֹג מֶלֶךְ הַבָּשָׁן,   כִּי לְעוֹלָם חַסְדּוֹ:

וְנָתַן אַרְצָם לְנַחֲלָה,   (ו) כִּי לְעוֹלָם חַסְדּוֹ:

נַחֲלָה לְיִשְׂרָאֵל עַבְדּוֹ,   כִּי לְעוֹלָם חַסְדּוֹ:

שֶׁבְּשִׁפְלֵנוּ זָכַר לָנוּ,   כִּי לְעוֹלָם חַסְדּוֹ:

וַיִּפְרְקֵנוּ מִצָּרֵינוּ,   כִּי לְעוֹלָם חַסְדּוֹ:

נוֹתֵן לֶחֶם לְכָל בָּשָׂר,   כִּי לְעוֹלָם חַסְדּוֹ:

הוֹדוּ לְאֵל הַשָּׁמָיִם,   (ה) כִּי לְעוֹלָם חַסְדּוֹ:

Сотворившего светила великие,

ибо навеки милость Его;

Солнце, чтобы властвовать днем,

ибо навеки милость Его;

Луну и звезды, чтобы властвовать ночью,

ибо навеки милость Его;

поразившего первенцев в Египте,

(וְ) ибо навеки милость Его;

И вывел Он Израиль оттуда,

ибо навеки милость Его;

Рукою крепкой и мышцею простертой,

ибо навеки милость Его;

Рассекшего Ям-Суф на части,

ибо навеки милость Его;

И проведшего Израиль посреди вод,

ибо навеки милость Его;

И низвергшего фараона и войско его в Ям-Суф,

(הַ) ибо навеки милость Его;

Проведшего народ Свой через пустыню,

ибо навеки милость Его;

Властителей великих поразил,

ибо навеки милость Его;

И властителей могучих казнил,

ибо навеки милость Его;

Сихона, царя эморейского,   ибо навеки милость Его;

И Ога, царя Башана,   ибо навеки милость Его;

И отдавшего земли их в наследие,

(וְ) ибо навеки милость Его;

Во владение Израилю, рабу Его,

ибо навеки милость Его;

Того, который в унижении нашем вспомнил нас,

ибо навеки милость Его;

И избавившего нас от притеснителей наших,

ибо навеки милость Его;

Дающего хлеб всякой плоти,

ибо навеки милость Его;

Благодарите Бога небес,

(הַ) ибо навеки милость Его;

נִשְׁמַת כָּל חַי תְּבָרֵךְ אֶת שִׁמְךָ יְיָ אֱלֹהֵינוּ, וְרוּחַ
כָּל בָּשָׂר תְּפָאֵר וּתְרוֹמֵם זִכְרְךָ מַלְכֵּנוּ
תָּמִיד, מִן הָעוֹלָם וְעַד הָעוֹלָם אַתָּה אֵל,
וּמִבַּלְעָדֶיךָ אֵין לָנוּ מֶלֶךְ גּוֹאֵל וּמוֹשִׁיעַ, פּוֹדֶה
וּמַצִּיל וּמְפַרְנֵס וְעוֹנֶה וּמְרַחֵם בְּכָל עֵת צָרָה
וְצוּקָה, אֵין לָנוּ מֶלֶךְ אֶלָּא אָתָּה, אֱלֹהֵי הָרִאשׁוֹנִים
וְהָאַחֲרוֹנִים. אֱלוֹהַּ כָּל בְּרִיּוֹת, אֲדוֹן כָּל תּוֹלָדוֹת,
הַמְהֻלָּל בְּרוֹב הַתִּשְׁבָּחוֹת, הַמְנַהֵג עוֹלָמוֹ בְּחֶסֶד
וּבְרִיּוֹתָיו בְּרַחֲמִים. וַיְיָ הִנֵּה לֹא יָנוּם וְלֹא יִישָׁן,
הַמְּעוֹרֵר יְשֵׁנִים, וְהַמֵּקִיץ נִרְדָּמִים, וְהַמֵּשִׂיחַ אִלְּמִים,
וְהַמַּתִּיר אֲסוּרִים, וְהַסּוֹמֵךְ נוֹפְלִים, וְהַזּוֹקֵף כְּפוּפִים,
לְךָ לְבַדְּךָ אֲנַחְנוּ מוֹדִים. אִלּוּ פִינוּ מָלֵא שִׁירָה כַּיָּם,
וּלְשׁוֹנֵנוּ רִנָּה כַּהֲמוֹן גַּלָּיו, וְשִׂפְתוֹתֵינוּ שֶׁבַח
כְּמֶרְחֲבֵי רָקִיעַ, וְעֵינֵינוּ מְאִירוֹת כַּשֶּׁמֶשׁ וְכַיָּרֵחַ,
וְיָדֵינוּ פְרוּשׂוֹת כְּנִשְׁרֵי שָׁמָיִם, וְרַגְלֵינוּ קַלּוֹת
כָּאַיָּלוֹת, אֵין אָנוּ מַסְפִּיקִים לְהוֹדוֹת לְךָ יְיָ אֱלֹהֵינוּ
וֵאלֹהֵי אֲבוֹתֵינוּ, וּלְבָרֵךְ אֶת שְׁמֶךָ עַל אַחַת מֵאֶלֶף
אַלְפֵי אֲלָפִים, וְרִבֵּי רְבָבוֹת פְּעָמִים, הַטּוֹבוֹת נִסִּים
וְנִפְלָאוֹת שֶׁעָשִׂיתָ עִמָּנוּ וְעִם אֲבוֹתֵינוּ מִלְּפָנִים:
מִמִּצְרַיִם גְּאַלְתָּנוּ, יְיָ אֱלֹהֵינוּ, מִבֵּית עֲבָדִים פְּדִיתָנוּ,
בְּרָעָב זַנְתָּנוּ, וּבְשָׂבָע כִּלְכַּלְתָּנוּ, מֵחֶרֶב הִצַּלְתָּנוּ,
וּמִדֶּבֶר מִלַּטְתָּנוּ, וּמֵחֳלָיִם רָעִים וְנֶאֱמָנִים דִּלִּיתָנוּ.
עַד הֵנָּה עֲזָרוּנוּ רַחֲמֶיךָ, וְלֹא עֲזָבוּנוּ חֲסָדֶיךָ, וְאַל
תִּטְּשֵׁנוּ יְיָ אֱלֹהֵינוּ, לָנֶצַח. עַל כֵּן, אֵבָרִים שֶׁפִּלַּגְתָּ

נשמת Душа всего живущего благословляет Имя Твое, Господь, Бог наш, и дух всякой плоти восславляет и превозносит всегда память о Тебе, Владыка наш. На веки вечные Ты – Бог, и нет у нас, кроме Тебя, Царя, Избавителя и Спасителя, искупающего, спасающего и поддерживающего нас, откликающегося и милосердного в пору любой беды и горести. Нет у нас другого Повелителя, кроме Тебя, – Бог первых [поколений] и последних, Бог всего сотворенного, Вершитель всего порожденного, прославляемый во всех восхвалениях, правящий миром Своим милостью, а творениями Своими – милосердием. Не спит и не дремлет Господь, пробуждает спящих и ободряет дремлющих, открывает уста немых и освобождает узников, поддерживает падающих и выпрямляет согбенных. И Тебя одного мы благодарим. Если бы уста наши были полны песней, как море [водой], и языки наши звучали бы, как шум его волн, а уста наши [полны] хвалой, как ширь небосвода, а глаза наши сияли бы, как солнце и луна, а руки наши были бы распростерты, как орлиные крылья, а ноги наши легки, как у ланей, – то и тогда не сумели бы мы отблагодарить Тебя, Господь, Бог наш, и Бог отцов наших, и благословить Имя Твое за одно лишь из тысячи тысяч миллионов благодеяний, чудес и знамений, сотворенных Тобой нам и предкам нашим в древности. Из Египта, Господь, Бог наш, Ты нас вызволил, из дома рабства освободил, в голод Ты нас кормил и в изобилии содержал, от меча спасал и от мора оберегал, от болезней тяжелых и многих избавлял. Доныне помогало нам милосердие Твое и не покидала нас милость Твоя. Так не покидай же

בָּנוּ, וְרוּחַ וּנְשָׁמָה שֶׁנָּפַחְתָּ בְּאַפֵּינוּ, וְלָשׁוֹן אֲשֶׁר
שַׂמְתָּ בְּפֵינוּ. הֵן הֵם: יוֹדוּ וִיבָרְכוּ וִישַׁבְּחוּ וִיפָאֲרוּ,
וִירוֹמְמוּ וְיַעֲרִיצוּ, וְיַקְדִּישׁוּ וְיַמְלִיכוּ אֶת שִׁמְךָ
מַלְכֵּנוּ. כִּי כָל פֶּה לְךָ יוֹדֶה, וְכָל לָשׁוֹן לְךָ תִשָּׁבַע,
וְכָל עַיִן לְךָ תְצַפֶּה, וְכָל בֶּרֶךְ לְךָ תִכְרַע, וְכָל קוֹמָה
לְפָנֶיךָ תִשְׁתַּחֲוֶה, וְכָל הַלְּבָבוֹת יִירָאוּךָ, וְכָל קֶרֶב
וּכְלָיוֹת יְזַמְּרוּ לִשְׁמֶךָ, כַּדָּבָר שֶׁכָּתוּב: כָּל עַצְמוֹתַי
תֹאמַרְנָה, יְיָ, מִי כָמוֹךָ, מַצִּיל עָנִי מֵחָזָק מִמֶּנּוּ, וְעָנִי
וְאֶבְיוֹן מִגֹּזְלוֹ: מִי יִדְמֶה לָּךְ, וּמִי יִשְׁוֶה לָּךְ, וּמִי
יַעֲרָךְ לָךְ, הָאֵל הַגָּדוֹל, הַגִּבּוֹר וְהַנּוֹרָא, אֵל עֶלְיוֹן,
קֹנֵה שָׁמַיִם וָאָרֶץ. נְהַלֶּלְךָ, וּנְשַׁבֵּחֲךָ, וּנְפָאֶרְךָ,
וּנְבָרֵךְ אֶת שֵׁם קָדְשֶׁךָ, כָּאָמוּר: לְדָוִד, בָּרְכִי נַפְשִׁי
אֶת יְיָ, וְכָל קְרָבַי אֶת שֵׁם קָדְשׁוֹ:

הָאֵל בְּתַעֲצֻמוֹת עֻזֶּךָ, הַגָּדוֹל בִּכְבוֹד שְׁמֶךָ,
הַגִּבּוֹר לָנֶצַח, וְהַנּוֹרָא בְּנוֹרְאוֹתֶיךָ, הַמֶּלֶךְ
הַיּוֹשֵׁב עַל כִּסֵּא רָם וְנִשָּׂא:

שׁוֹכֵן עַד, מָרוֹם וְקָדוֹשׁ שְׁמוֹ, וְכָתוּב: רַנְּנוּ
צַדִּיקִים בַּיְיָ, לַיְשָׁרִים נָאוָה תְהִלָּה: בְּפִי
יְשָׁרִים תִּתְרוֹמָם, וּבְשִׂפְתֵי צַדִּיקִים תִּתְבָּרַךְ, וּבִלְשׁוֹן
חֲסִידִים תִּתְקַדָּשׁ, וּבְקֶרֶב קְדוֹשִׁים תִּתְהַלָּל:

וּבְמַקְהֲלוֹת רִבְבוֹת עַמְּךָ בֵּית יִשְׂרָאֵל, בְּרִנָּה
יִתְפָּאֵר שִׁמְךָ מַלְכֵּנוּ בְּכָל דּוֹר
וָדוֹר. שֶׁכֵּן חוֹבַת כָּל הַיְצוּרִים, לְפָנֶיךָ יְיָ אֱלֹהֵינוּ

нас, Господь, Бог наш, и впредь, никогда! И потому члены, которыми Ты наделил нас, и дух и душа, которые Ты вдохнул в ноздри наши, и язык, который вложил Ты в наши уста, – все они прославляют, благословляют, восхваляют, воспевают, превозносят, возвеличивают, и освящают, и коронуют Имя Твое, Владыка наш. Все уста благодарят Тебя, и всякий язык клянется Тобой. И всякий взор к Тебе обращен, всякое колено преклоняется пред Тобой, и все падает ниц пред Тобой, все сердца трепещут пред Тобой, и все нутро человеческое воспевает Тебя, как сказано: «Все кости мои говорят: "О, Господь, кто подобен Тебе! Спасаешь бедного от того, кто сильнее его, нищего и убогого – от грабящего их"». Кто подобен Тебе, кто равен Тебе, кто может сравниться с Тобой, Бог великий, могучий и грозный, Бог Всевышний, Властитель неба и земли? Будем же прославлять, восхвалять, превозносить и благословлять святое Имя Твое, как сказано: «Благослови, душа моя, Господа, и все во мне – святое Имя Его!»

האל Бог – в могуществе силы Своей, великий – во славе Имени Своего. Могуч навеки и грозен делами Своими Владыка, восседающий на престоле высоком и вознесенном.

שוכן Пребывающий вечно, свято Имя Его. И написано: «Ликуйте, праведные, пред Господом, прямодушным подобает славить Его!» Устами прямодушных превозносишься Ты, устами праведников благословляем, языком благочестивых освящаем и святыми прославляешься.

ובמקהלות И в собраниях многочисленных народа Твоего, дома Израиля, с ликованием славится Имя

וֵאלֹהֵי אֲבוֹתֵינוּ: לְהוֹדוֹת, לְהַלֵּל, לְשַׁבֵּחַ, לְפָאֵר, לְרוֹמֵם, לְהַדֵּר, לְבָרֵךְ, לְעַלֵּה וּלְקַלֵּס, עַל כָּל דִּבְרֵי שִׁירוֹת וְתִשְׁבְּחוֹת דָּוִד בֶּן יִשַׁי עַבְדְּךָ מְשִׁיחֶךָ:

וּבְכֵן יִשְׁתַּבַּח שִׁמְךָ לָעַד מַלְכֵּנוּ, הָאֵל, הַמֶּלֶךְ הַגָּדוֹל וְהַקָּדוֹשׁ בַּשָּׁמַיִם וּבָאָרֶץ. כִּי לְךָ נָאֶה יְיָ אֱלֹהֵינוּ וֵאלֹהֵי אֲבוֹתֵינוּ לְעוֹלָם וָעֶד: שִׁיר וּשְׁבָחָה, הַלֵּל וְזִמְרָה, עֹז וּמֶמְשָׁלָה, נֶצַח, גְּדֻלָּה וּגְבוּרָה, תְּהִלָּה וְתִפְאֶרֶת, קְדֻשָּׁה וּמַלְכוּת: בְּרָכוֹת וְהוֹדָאוֹת לְשִׁמְךָ הַגָּדוֹל וְהַקָּדוֹשׁ, וּמֵעוֹלָם עַד עוֹלָם אַתָּה אֵל. בָּרוּךְ אַתָּה יְיָ, אֵל מֶלֶךְ גָּדוֹל וּמְהֻלָּל בַּתִּשְׁבָּחוֹת, אֵל הַהוֹדָאוֹת, אֲדוֹן הַנִּפְלָאוֹת, בּוֹרֵא כָּל הַנְּשָׁמוֹת, רִבּוֹן כָּל הַמַּעֲשִׂים, הַבּוֹחֵר בְּשִׁירֵי זִמְרָה, מֶלֶךְ יָחִיד חֵי הָעוֹלָמִים:

הנוהגים לומר פזמונים אין להפסיק בהם בין ברכה זו ובין ברכת הכוס אלא מיד אחר כך יברך
על כום ד':

Держат бокал, как во время *кидуша*, и произносят благословение:

בָּרוּךְ אַתָּה יְיָ, אֱלֹהֵינוּ מֶלֶךְ הָעוֹלָם, בּוֹרֵא פְּרִי הַגָּפֶן:

ושותה בהסיבה:

Затем, облокотившись на левую руку, полностью выпивают весь бокал или хотя бы большую его часть.

БЛАГОСЛОВЕНИЕ ПОСЛЕ ВИНА

В пятницу вечером добавляют слова в скобках.

בָּרוּךְ אַתָּה יְיָ, אֱלֹהֵינוּ מֶלֶךְ הָעוֹלָם, עַל הַגֶּפֶן וְעַל פְּרִי הַגֶּפֶן וְעַל תְּנוּבַת הַשָּׂדֶה וְעַל אֶרֶץ חֶמְדָּה טוֹבָה וּרְחָבָה שֶׁרָצִיתָ וְהִנְחַלְתָּ לַאֲבוֹתֵינוּ לֶאֱכֹל מִפִּרְיָהּ וְלִשְׂבּוֹעַ מִטּוּבָהּ. רַחֵם נָא יְיָ אֱלֹהֵינוּ עַל יִשְׂרָאֵל עַמֶּךָ וְעַל יְרוּשָׁלַיִם עִירֶךָ וְעַל צִיּוֹן מִשְׁכַּן

Твое, Владыка наш, во всех поколениях. Таков долг всех творений пред Тобой, Господь, Бог наш, и Бог отцов наших, – благодарить, прославлять, восхвалять, воспевать, возвеличивать, чествовать, благословлять, превозносить и славословить Тебя – более всех песен и восхвалений Давида, сына Ишая, раба Твоего, помазанника Твоего.

וכן И потому да будет восхваляемо вечно Имя Твое, Владыка наш, Властитель, Владыка великий и святой, на Небе и на земле! Ибо Тебе, Господь, Бог наш, и Бог отцов наших, подобают песнь и хвала, прославления и гимны, могущество и власть, вечность, величие и сила, слава и великолепие, святость и царство. Благословения и благодарения [подобают] Имени Твоему великому и святому; отныне и вовеки Ты – Бог.

Держат бокал, как во время *кидуша,* и произносят благословение:

ברוך Благословен Ты, Господь, Бог наш, Владыка вселенной, творящий плод виноградной лозы.

Затем, облокотившись на левую руку, полностью выпивают весь бокал или хотя бы большую его часть.

БЛАГОСЛОВЕНИЕ ПОСЛЕ ВИНА

В пятницу вечером добавляют слова в скобках.

ברוך Благословен Ты, Господь, Бог наш, Владыка вселенной, за виноградную лозу и плод винограда, за урожай поля и за землю прекрасную, благодатную и обширную, которую дал Ты в наследие отцам нашим, чтобы есть плоды ее и насыщаться благом ее. Сжалься, Господь, Бог наш, над Израилем, народом Твоим, и над Иерусалимом, городом Твоим, и над Сионом, местом обитания Славы Твоей, и над жертвенником Твоим, и над Храмом Твоим. Вос-

כְּבוֹדֶךְ וְעַל מִזְבְּחֶךָ וְעַל הֵיכָלֶךָ, וּבְנֵה יְרוּשָׁלַיִם עִיר הַקֹּדֶשׁ בִּמְהֵרָה בְיָמֵינוּ, וְהַעֲלֵנוּ לְתוֹכָהּ וְשַׂמְּחֵנוּ בָהּ וּנְבָרֶכְךָ בִּקְדֻשָׁה וּבְטָהֳרָה. (וּרְצֵה וְהַחֲלִיצֵנוּ בְּיוֹם הַשַּׁבָּת הַזֶּה.) וְזָכְרֵנוּ לְטוֹבָה בְּיוֹם חַג הַמַּצּוֹת הַזֶּה. כִּי אַתָּה יְיָ טוֹב וּמֵטִיב לַכֹּל וְנוֹדֶה לְּךָ עַל הָאָרֶץ וְעַל פְּרִי הַגָּפֶן. בָּרוּךְ אַתָּה יְיָ, עַל הָאָרֶץ וְעַל פְּרִי הַגָּפֶן:

Если после благословения после трапезы пили другие напитки, кроме вина и виноградного сока, читают следующее благословение:

בָּרוּךְ אַתָּה יְיָ, אֱלֹהֵינוּ מֶלֶךְ הָעוֹלָם, בּוֹרֵא נְפָשׁוֹת רַבּוֹת וְחֶסְרוֹנָן, עַל כֹּל מַה שֶּׁבָּרָאתָ לְהַחֲיוֹת בָּהֶם נֶפֶשׁ כָּל חָי, בָּרוּךְ חֵי הָעוֹלָמִים:

После этого говорят:

לְשָׁנָה הַבָּאָה בִּירוּשָׁלָיִם:

Добавляют немного вина и переливают вино из кубка Элияѓу обратно в бутылку.

станови Иерусалим, город святой, поскорее, в наши же дни, и приведи нас в него, и обрадуй нас в нем, и будем мы благословлять Тебя в святости и в чистоте (укрепи нас в этот день субботний), и вспомни к добру нас в этот день праздника Песах. Ибо Ты – Господь добрый и совершающий всем добро, и мы будем благодарить Тебя за землю и плод винограда. Благословен ты, Господь, за землю и плод винограда!

> Если после благословения после трапезы пили другие напитки, кроме вина и виноградного сока, читают следующее благословение:
>
> ברוך Благословен Ты, Господь, Бог наш, Владыка вселенной, сотворивший множество живых существ и все, в чем они нуждаются, – за все, что создал Ты для поддержания жизни во всем существующем! Благословен дающий жизнь мирам.

После этого говорят:

В СЛЕДУЮЩЕМ ГОДУ – В ИЕРУСАЛИМЕ!

Добавляют немного вина и переливают вино из кубка Элияѓу обратно в бутылку.

Приложения

Ма ништана:
традиционное переложение на идиш

טאטע איך וועל בא דיר פרעגן פיר קשיות:
מַה נִּשְׁתַּנָּה הַלַּיְלָה הַזֶּה מִכָּל הַלֵּילוֹת

וואָס איז אַנדערש די נאַכט פון פּסח פון אַלע נעכט פון אַ
גאַנץ יאָר.

די ערשטע קשיא איז: שֶׁבְּכָל הַלֵּילוֹת אֵין אָנוּ מַטְבִּילִין אֲפִילוּ
פַּעַם אֶחָת הַלַּיְלָה הַזֶּה שְׁתֵּי פְעָמִים: אַלע נעכט פון אַ גאַנץ
יאָר טונקען מיר ניט אַפילו אֵיין מאָל, אָבער די נאַכט פון
פּסח טונקען מיר אַיין צוויי מאָל. אֵיין מאָל כַּרְפַּס אִין זאַלץ
וואַסער דעם צווייטן מאָל מָרוֹר אִין חֲרֹסֶת.

די צווייטע קשיא איז: שֶׁבְּכָל הַלֵּילוֹת אָנוּ אוֹכְלִין חָמֵץ אוֹ מַצָּה,
הַלַּיְלָה הַזֶּה כֻּלּוֹ מַצָּה: אַלע נעכט פון אַ גאַנץ יאָר עסן מיר
חָמֵץ אָדער מַצָּה, אָבער די נאַכט פון פּסח עסן מיר נאָר מַצָּה.
די דריטע קשיא איז: שֶׁבְּכָל הַלֵּילוֹת אָנוּ אוֹכְלִין שְׁאָר יְרָקוֹת,
הַלַּיְלָה הַזֶּה מָרוֹר: אַלע נעכט פון אַ גאַנץ יאָר עסן מיר
אַנדערע גרינסן, אָבער די נאַכט פון פּסח עסן מיר ביטערע
גרינסן.

די פערטע קשיא איז: שֶׁבְּכָל הַלֵּילוֹת אָנוּ אוֹכְלִין בֵּין יוֹשְׁבִין
וּבֵין מְסֻבִּין, הַלַּיְלָה הַזֶּה כֻּלָּנוּ מְסֻבִּין: אַלע נעכט פון אַ גאַנץ
יאָר עסן מיר סיי זיצענדיקערהייט און סיי אָנגעלענטערהייט,
אָבער די נאַכט פון פּסח עסן מיר אַלע אָנגעלענטערהייט.
טאטע איך האָב בא דיר געפרעגט פיר קשיות, יעצט גיב מיר
אַן ענטפער.

Глоссарий

Агада – букв. «рассказ»; книга, в которой описывается ритуал пасхального *седера*.

Алтер Ребе – букв. «Старый Ребе», рабби Шнеур-Залман из Ляд (1745–1812), автор книг *Танья* и *Шульхан арух*, основатель хасидского движения Хабад.

Аризаль – акроним имени рабби Ицхака Лурии Ашкенази (1534–1572), который считается отцом современной каббалистической мысли.

Афикоман – букв. «десерт». Кусочек мацы, который взяли с пасхального блюда в начале *седера* и прятали до конца трапезы; это последнее, что едят перед застольным благословением, чтобы напомнить о пасхальном жертвоприношении (мясо пасхальной жертвы было последним, что ели на *седере* во времена существования Храма) или о той маце, которую ели вместе с пасхальной жертвой.

Бейт Га-микдаш – Иерусалимский храм.

Бейца – букв. «яйцо». Крутое яйцо, которое помещают на пасхальное блюдо в качестве напоминания о жертве *хагига* (праздничной жертве), которую приносили во времена существования Храма.

Галель – букв. «псалмы восхваления»; обычно так называют псалмы 113–118. [Если говорить более точно, то различаются между собой Галель *мицри* («египетский Галель»), в котором говорится о временах Исхода (*Тегилим*, 113–118), и Галель *га-гадоль* («великий Галель», *Тегилим*, 136), посвященный восхвалению Всевышнего, который «царит с вершин мира» и «дает пищу всякой плоти». Однако если слово Галель употребляется без дополнительного определения, имеется в виду именно «египетский Галель».]

Зеир Анпин – букв. «Малый Лик»; каббалистический термин, обозначающий определенное проявление **Шхины**.

Зимун – букв. «приглашение»; его читают перед застольным благословением, если в трапезе принимали участие по крайней мере трое мужчин старше 13 лет.

Зроа – поджаренная баранья или куриная кость с небольшим количеством мяса, которую кладут на пасхальное блюдо в качестве напоминания о пасхальной жертве, которую приносили во времена существования Храма. Эта кость – не более чем символическое

напоминание о пасхальном жертвоприношении, и любого уподобления ее жертве следует избегать. Принято использовать в качестве *зроа* куриную шейку (поскольку кур не приносили в жертву), снимать с нее бо́льшую часть мяса и не есть ее в течение *седера*. По той же причине не принято есть во время *седера* жареное мясо.

Исраэль – «израильтянин», общее обозначение еврея, в более узком значении – еврей, который не является ни *ко́геном*, ни *левитом*, то есть не происходит из колена Леви. В контексте *седера* эти категории используются для описания одного из трех листов мацы, лежащих на пасхальном блюде, каждый из которых соответствует *ко́гену*, *левиту* и израильтянину; см. **маца**.

Карпас – зонтичные растения, такие, как петрушка, а также лук, картофель и т. д. (в том числе и те, которые можно отнести к «горькой зелени», *марору*).

Кеара – букв. «блюдо»; во время *седера* на него кладут мацу и другие необходимые принадлежности ритуала.

Кезайт, мн. ч. ***кезейтим*** – букв. «с оливку»; ѓалахический термин, обозначающий минимальное количество какой-либо пищи. Во время *седера* этой мерой оценивают необходимое количество *марора*, *кореха* и *афикомана*. Она также необходима для оценки количества *карпаса*, поскольку участник *седера* должен съесть меньше, чем *кезайт*. *Кезайт* – это количество сухих продуктов, вес которых равен примерно 26 г. Детальное описание см. в главе «Терминология и меры *седера*».

Кидуш – букв. «освящение»; благословение, которое читают над вином, чтобы освятить субботу или праздник.

Клипа, мн. ч. ***клипот*** – букв. «скорлупа», «скорлупы»; каббалистический термин, обозначающий силы зла и нечистоты.

Ко́ген, мн. ч. ***ко́ганим*** – букв. «священник»; представитель священнического рода, то есть потомок первосвященника Аѓарона, брата учителя нашего Моше; *ко́ганим* отвечали за службу и жертвоприношения в Храме. См. **маца** и **Исраэль**.

Корех – букв. «сэндвич»; маца и *марор*, которые едят как р перед началом пасхальной трапезы в память о ритуале, которого придерживался Ѓилель Старший во времена существования Храма.

Леви – букв. «левит»; потомок колена Леви (кроме *ко́ганим*); задачей левитов было помогать *ко́ганим* в храмовом служении и в выполнении необходимых работ для нужд Храма. См. **маца** и **Исраэль**.

Лурия, рабби Ицхак – см. выше **Аризаль**.

Марор – букв. «горькие травы», которые полагается есть во время *седера* для напомина-

ния о горьком времени египетского рабства наших праотцев. В качестве *марора* обычно используется ни с чем не смешанный хрен (тертый или порезанный на маленькие кусочки) и *хазерет* (листовой салат).

Маца, мн. ч. *мацот* – опресноки, пресный хлеб. Три мацы, которые во время *седера* должны лежать на пасхальном блюде, символизируют три группы евреев – *коѓенов, левитов* и израильтян, напоминают о наших трех патриархах – Авраѓаме, Ицхаке и Яакове, и т. д. На *Песах*, по крайней мере в ночь *седера*, следует использовать только мацу ручной выпечки.

Нисан – первый весенний месяц еврейского календаря.

Песах – еврейская Пасха.

Рвиит – букв. «четверть [*лога*]», мера объема жидкости, равная примерно 105 мл.

Седер – букв. «порядок»; особый ритуал, который проводится в первую ночь *Песаха* (вне страны Израиля – в первые две ночи), обычно дома.

Ситра ахра – букв. «другая сторона»; каббалистический термин, обозначающий зло и нечистоту.

Хазерет – считается, что это слово обозначает листовой салат. *Хазерет* на пасхальном блюде используется как одна из «горьких трав», предназначенных для выполнения заповедей есть *марор* и *корех*.

Хакаль Тапухин – букв. «Яблочный Сад»; каббалистический термин, обозначающий определенное проявление *Шхины* (Божественного присутствия).

Хамец – букв. «квасное»; обычный хлеб и другие продукты, при изготовлении которых используется процесс брожения. Начиная с кануна *Песаха* и до его окончания от *хамеца* запрещено получать пользу или даже просто владеть чем-либо квасным.

Харосет – смесь тертых яблок, груш, орехов и красного вина. Цвет и консистенция *харосета* должны напоминать нам о глине и цементном растворе, с которыми нашим предкам приходилось работать в египетском рабстве. *Харосет* используется для того, чтобы обмакивать в него *марор* и *хазерет*.

Шохет – «резник», совершающий забой скота и птицы в соответствии с еврейскими религиозными предписаниями.

Шхина – Божественное присутствие.

Эрув тавшилин – букв. «смешение блюд»; ритуал, установленный мудрецами для того, чтобы в праздник можно было готовить еду на субботу.

Избранные транслитерации

Зажигание свечей

БОРУХ АТО АДОНОЙ, ЭЛОЃЕЙНУ МЕЛЕХ ЃО-ОЙЛОМ, АШЕР КИДШОНУ БЕ-МИЦВОЙСОВ ВЕ-ЦИВОНУ ЛЕЃАДЛИК НЕЙР ШЕЛЬ (ШАБОС ВЕ-ШЕЛЬ) ЙОМ ТОВ.

БОРУХ АТО АДОНОЙ, ЭЛОЃЕЙНУ МЕЛЕХ ЃО-ОЙЛОМ, ШЕЃЕШЕЙОНУ ВЕ-КИЙМОНУ ВЕ-ЃИГИЙОНУ ЛА-ЗМАН ЃА-ЗЕ.

Кидуш

Вечером в пятницу: ЙОМ ЃА-ШИШИ. ВА-ЙИХУЛУ ЃА-ШОМАИМ ВЕ-ЃООРЕЦ ВЕ-ХОЛЬ ЦВООМ. ВА-ЙИХАЛЬ ЭЛОЃИМ БА-ЙОМ ЃА-ШВИИ МЛАХТО АШЕР ОСО, ВА-ЙИШБОС БА-ЙОМ ЃА-ШВИИ МИ-КОЛЬ МЛАХТО АШЕР ОСО. ВА-ЙИВОРЕХ ЭЛОЃИМ ЭС ЙОМ ЃА-ШВИИ, ВА-ЙИКАДЕЙШ ОСО, КИ ВО ШОВАС МИ-КОЛЬ МЛАХТО АШЕР БОРО ЭЛОЃИМ ЛААСОС.

САВРИ МОРОНОН:

БОРУХ АТО АДОНОЙ ЭЛОЃЕЙНУ МЕЛЕХ ЃО-ОЛОМ, БОРЕЙ ПРИ ЃА-ГОФЕН.

БОРУХ АТО АДОНОЙ ЭЛОЃЕЙНУ МЕЛЕХ ЃО-ОЙЛОМ, АШЕР БОХАР БОНУ МИ-КОЛЬ ОМ ВЕ-РОМЕМОНУ МИ-КОЛЬ ЛОШОН, ВЕ-КИДШОНУ БЕ-МИЦВОЙСОВ, ВА-ТИТЕН ЛОНУ АДОЙНОЙ ЭЛОЃЕЙНУ БЕ-АЃАВО (ШАБОСОС ЛИ-МНУХО У-) МОАДИМ ЛЕ-СИМХО, ХАГИМ У-ЗМАНИМ ЛЕ-СОСОН, ЭС ЙОМ (ЃА-ШАБОС ЃА-ЗЕ, ВЕ-ЭС ЙОМ) ХАГ ЃА-МАЦОС ЃА-ЗЕ, ВЕ-ЭС ЙОМ ТОВ МИКРО КОДЕШ ЃА-ЗЕ, ЗМАН ХЕРУСЕЙНУ (БЕ-АЃАВО) МИКРО КОДЕШ ЗЕЙХЕР Л-ИЦИЙАС МИЦРОИМ, КИ ВОНУ ВОХАРТО ВЕ-ОЙСОНУ КИДАШТО МИ-КОЛЬ ЃО-АМИМ, (ВЕ-ШАБОС) У-МОАДЕЙ КОДШЕХО (БЕ-АЃАВО У-В-РОЦОН) БЕ-СИМХО У-В-СОСОН ЃИНХАЛТОНУ. БОРУХ АТО АДОЙНОЙ МЕКАДЕЙШ (ЃА-ШАБОС В-) ЙИСРОЭЙЛЬ ВЕ-ЃА-ЗМАНИМ.

На исходе субботы: БОРУХ АТО АДОЙНОЙ ЭЛОЃЕЙНУ МЕЛЕХ ЃО-ОЙЛОМ, ЃА-МАВДИЛ БЕЙН КОДЕШ ЛЕ-ХОЛЬ, БЕЙН ОР ЛЕ-ХОШЕХ, БЕЙН ИСРОЭЛЬ ЛО-АМАМ, БЕЙН ЙОМ ЃА-ШВИИ ЛЕ-ШЕЙШЕС ЙЕМЕЙ ЃА-МААСЕ. БЕЙН КДУШАС ШАБОС ЛИ-КДУШАС ЙОМ ТОВ ЃИВДАЛТО, ВЕ-ЭС ЙОМ ЃА-ШВИИ МИ-ШЕШЕС ЙЕМЕЙ ЃА-МААСЕ КИДАШТО, ЃИВДАЛТО ВЕ-КИДАШТО ЭС АМХО ЙИСРОЭЛ БИ-КДУШОСЕХО. БОРУХ АТО АДОЙНОЙ, ЃА-МАВДИЛ БЕЙН КОДЕШ ЛЕ-КОДЕШ.

БОРУХ АТО АДОЙНОЙ ЭЛОЃЕЙНУ МЕЛЕХ ЃА-ОЙЛОМ, ШЕ-ЃЕХЕЙОНУ ВЕ-КИЙМОНУ ВЕ-ЃИГИЙОНУ ЛА-ЗМАН ЃА-ЗЕ.

Ма ништана

МА НИШТАНА ЃА-ЛАЙЛО ЃА-ЗЕ МИ-КОЛЬ ЃА-ЛЕЙЛОС?

ШЕ-Б-ХОЛ ЃА-ЛЕЙЛОС ЭЙН ОНУ МАТБИЛИМ АФИЛУ ПААМ ЭХОС, ЃА-ЛАЙЛА ЃА-ЗЕ ШТЕЙ ПЕОМИМ.

ШЕ-Б-ХОЛ ЃА-ЛЕЙЛОС ЭЙН ОНУ ОХЛИН ХОМЕЙЦ У-МАЦО, ЃА-ЛАЙЛО ЃА-ЗЕ КУЛО МАЦО.

ШЕ-Б-ХОЛ ҐА-ЛЕЙЛОС ОНУ ОХЛИН ЙЕОР ЙЕРОКОС, ҐА-ЛАЙЛА ҐА-ЗЕ МОРОР.

ШЕ-Б-ХОЛ ҐА-ЛЕЙЛОС ОНУ ОХЛИН БЕЙН ЙОШВИН У-ВЕЙН МЕСУБИН, ҐА-ЛАЙЛО ҐА-ЗЕ КУЛОНУ МЕСУБИН.

Ве-ѓи ше-амда

ВЕ-ҐИ ШЕ-ОМДО ЛА-АВОСЕЙНУ ВЕ-ЛОНУ, ШЕ-ЛО ЭХОД БИЛЬВАД ОМАД ОЛЕЙНУ ЛЕ-ХАЛОСЕЙНУ, ЭЛО ШЕ-Б-ХОЛЬ ДОР ВО-ДОР ОМДИМ ОЛЕЙНУ ЛЕ-ХАЛОСЕЙНУ, ВЕ-ҐА-КОДОШ БОРУХ ҐУ МАЦИЛЕЙНУ МИ-ЙОДОМ.

Дайену

ИЛУ ҐОЦИЛОНУ МИ-МИЦРАИМ ВЕ-ЛО ОСО ВОҐЕМ ШФОТИМ, ДАЙЕЙНУ.

ИЛУ ОСО ВОҐЕМ ШФОТИМ ВЕ-ЛО ОСО ВА-ЭЛОҐЕЙҐЕМ, ДАЙЕЙНУ.

ИЛУ ОСО ВА-ЭЛОҐЕЙҐЕМ ВЕ-ЛО ҐОРАГ ЭС БЕХОРЕЙҐЕМ, ДАЙЕЙНУ.

ИЛУ ҐОРАГ ЭС БЕХОРЕЙҐЕМ ВЕ-ЛО НОСАН ЛОНУ ЭС МОМОНОМ, ДАЙЕЙНУ.

ИЛУ НОСАН ЛОНУ ЭС МОМОНОМ ВЕ-ЛО КОРА ЛОНУ ЭС ҐА-ЙОМ, ДАЙЕЙНУ.

ИЛУ КОРА ЛОНУ ЭС ҐА-ЙОМ ВЕ-ЛО ҐЕЕВИРОНУ БЕ-СОХО БЕ-ХОРОВО, ДАЙЕЙНУ.

ИЛУ ҐЕЕВИРОНУ БЕ-СОХО БЕ-ХОРОВО ВЕ-ЛО ШИКА ЦОРЕЙНУ БЕ-СОХО, ДАЕЙНУ.

ИЛУ ШИКА ЦОРЕЙНУ БЕ-СОХО ВЕ-ЛО СИПЕЙК ЦОРКЕЙНУ БА-МИДБОР АРБОИМ ШОНО, ДАЕЙНУ.

ИЛУ СИПЕК ЦОРКЕЙНУ БА-МИДБОР АРБОИМ ШОНО ВЕ-ЛО ҐЕЕХИЛОНУ ЭС ҐА-МОН, ДАЕЙНУ.

ИЛУ ҐЕЕХИЛОНУ ЭС ҐА-МОН ВЕ-ЛО НОСАН ЛОНУ ЭС ҐА-ШАБОС, ДАЙЕЙНУ.

ИЛУ НОСАН ЛОНУ ЭС ҐА-ШАБОС ВЕ-ЛО КЕЙРВОНУ ЛИФНЕЙ ҐАР СИНАЙ, ДАЙЕЙНУ.

ИЛУ КЕЙРВОНУ ЛИФНЕЙ ҐАР СИНАЙ ВЕ-ЛО НОСАН ЛОНУ ЭС ҐА-ТОЙРО, ДАЙЕЙНУ.

ИЛУ НОСАН ЛОНУ ЭС ҐА-ТОЙРО ВЕ-ЛО ҐИХНИСОНУ ЛЕ-ЭРЕЦ ЙИСРОЭЛ, ДАЕЙНУ.

ИЛУ ҐИХНИСОНУ ЛЕ-ЭРЕЦ ЙИСРОЭЛ ВЕ-ЛО ВОНО ЛОНУ ЭС БЕЙС ҐА-БХИРО, ДАЙЕЙНУ.

Рахца

БОРУХ АТО АДОЙНОЙ ЭЛОҐЕЙНУ МЕЛЕХ ҐА-ОЙЛОМ, АШЕР КИДШОНУ БЕ-МИЦВОЙСОВ ВЕ-ЦИВОНУ АЛ НЕТИЛАС ЙОДОИМ.

Моци

БОРУХ АТО АДОЙНОЙ ЭЛОҐЕЙНУ МЕЛЕХ ҐА-ОЙЛОМ, ҐА-МОЦИ ЛЕХЕМ МИН-ҐО-ОРЕЦ.

Маца

БОРУХ АТО АДОЙНОЙ ЭЛОҐЕЙНУ МЕЛЕХ ҐА-ОЙЛОМ, АШЕР КИДШОНУ БЕ-МИЦВОЙСОВ ВЕ-ЦИВОНУ АЛЬ АХИЛАС МАЦО.

Марор

БОРУХ АТО АДОЙНОЙ ЭЛОЃЕЙНУ МЕЛЕХ ЃА-ОЙЛОМ, АШЕР КИДШОНУ БЕ-МИЦВОЙСОВ ВЕ-ЦИВОНУ АЛЬ АХИЛАС МОРОР.

Корех

КЕЙН ОСО ЃИЛЕЛЬ БИ-ЗМАН ШЕ-БЕЙС ЃА-МИКДОШ ЃОЙО КАЙОМ, ЃОЙО КОРЕЙХ ПЕСАХ, МАЦО У-МОРОР ВЕ-ОХЕЙЛЬ БЕ-ЙАХАД, КМО ШЕ-НЕЕМАР АЛЬ МАЦОС У-МЕРОРИМ ЙОХЛУЃУ.

Зимун

Ведущий: РАБОСАЙ, МИР ВЕЛН БЕНЧН.

Остальные: ЙЕЃИ ШЕМ АДОЙНОЙ МЕВОРОХ МЕЙ-АТО ВЕ-АД ОЙЛОМ.

Ведущий: ЙЕЃИ ШЕМ АДОЙНОЙ МЕВОРОХ МЕЙ-АТО ВЕ-АД ОЙЛОМ. БИ-РШУС МОРОНОН ВЕ-РАБОНОН ВЕ-РАБОСАЙ, НЕВОРЕЙХ (ЭЛОЃЕЙНУ) ШЕ-ОХАЛНУ МИ-ШЕЛОЙ.

Остальные (те, кто ел): БОРУХ (ЭЛОЃЕЙНУ) ШЕ-ОХАЛНУ МИ-ШЕЛОЙ У-В-ТУВО ХОЙИНУ.

Ведущий: БОРУХ (ЭЛОЃЕЙНУ) ШЕ-ОХАЛНУ МИ-ШЕЛОЙ У-В-ТУВО ХОЙИНУ.

Ѓоду

ЃОЙДУ ЛА-АДОЙНОЙ КИ ТОВ, КИ ЛЕ-ОЙЛОМ ХАСДОЙ.

ЙОМАР НО ЙИСРОЭЛ КИ ЛЕ-ОЙЛОМ ХАСДОЙ.

ЃОЙДУ ЛА-АДОЙНОЙ КИ ТОВ, КИ ЛЕ-ОЛОМ ХАСДОЙ.

ЙОМРУ НО БЕЙС АЃАРОН, КИ ЛЕ-ОЙЛОМ ХАСДОЙ.

ЃОЙДУ ЛА-АДОЙНОЙ КИ ТОВ, КИ ЛЕ-ОЙЛОМ ХАСДОЙ.

ЙОМРУ НО ЙИРЕЙ АДОЙНОЙ, КИ ЛЕ-ОЙЛОМ ХАСДОЙ.

ЃОЙДУ ЛА-АДОЙНОЙ КИ ТОВ, КИ ЛЕ-ОЙЛОМ ХАСДОЙ.

Ана Ѓа-шем

ОНО АДОЙНОЙ ЃОШИО НО.   ОНО АДОЙНОЙ ЃАЦЛИХО НО.

ОНО АДОЙНОЙ ЃОШИО НО.   ОНО АДОЙНОЙ ЃАЦЛИХО НО.

Кели Ата

ЭЙЛИ АТО ВЕ-ОДЕКО, ЭЛОЃАЙ АРОМЕМЕКО.

ЃОЙДУ ЛА-АДОЙНОЙ КИ ТОВ, КИ ЛЕ-ОЙЛОМ ХАСДОЙ.

Ле-шана ѓа-ба

ЛЕ-ШОНО ЃА-БО БИРУШОЛОИМ.

Пасхальное послание
Любавичского Ребе
рабби Менахема-Мендла Шнеерсона

זצוקללה"ה נבג"מ זי"ע

Д ля того чтобы еврейский дом полностью соответ-
ствовал великому празднику, к *Песаху* нужно тщательно подготовиться заранее. От нас требуется не только физическая, но и духовная готовность, потому что в
жизни еврея физическое и духовное тесно переплетены
между собой, особенно в том, что касается субботы и
праздников.

В Песах мы отмечаем освобождение еврейского
народа из египетского рабства и одновременно отрица-
ние египетской системы и образа жизни, «египетских
притеснений». Таким образом, мы празднуем как наше
физическое освобождение, так и нашу духовную свободу. И в самом деле, одно невозможно без другого; не
может быть настоящей свободы без принятия предписа-
ний Торы, касающихся нашей каждодневной жизни;
чистая жизнь, исполненная святости, в конце концов
приводит к подлинной свободе.

Сказано: «В каждом поколении каждый еврей должен чувствовать себя так, как будто он сам вышел из
Египта». Это значит, что то, чему нас учит *Песах*, всегда
актуально для каждого отдельного еврея. История
Песаха – это история особого Божественного провиде-
ния, которое определяет судьбу нашего народа. Ничто из
происходящего в окружающем мире не оказывает на нас
влияния; мы можем отличаться тем, что страдаем, не дай
Бог, среди окружающего благополучия, и точно так же
оставаться в безопасности, когда всех поражают бед

...ствия или катастрофы. Ведь судьб...
...деляется нашей покорностью Бог...

Этот урок подчеркивают три главных символа *седе-ра*, о которых сказали наши мудрецы, что если еврей не объяснил их смысл, он не считается выполнившим свою обязанность проводить *седер*: это *песах* (пасхальное жертвоприношение), *маца* и *марор*. Используя эти символы по порядку, в соответствии с объяснениями Агады, мы можем сказать следующее: евреи могут избегнуть *марора* – жизненных горестей и невзгод – только с помощью *песаха* – особой заботы Всевышнего, благодаря которой еврейские дома остаются невредимыми даже среди величайших бедствий, и *мацы* – когда бедствия и катастрофы, равно как и враги еврейского народа, лишь помогают евреям, заставляя их как можно скорее выйти из *Мицраима* (Египта), места тьмы и скверны, туда, где на них изливаются свет и святость.

Мы должны помнить еще одну важную вещь. Проведение Праздника свободы должно быть связано с заповедью «И расскажи сыну своему». Созидание и существование еврейского дома, равно как и всего еврейского народа в целом, зависит от воспитания подрастающего поколения: мальчиков и девочек, умных и пока не очень, наивных и даже тех, кто не знает, что спросить. Точно так же как мы не можем ограничить нашу ответственность за ребенка, оправдываясь тем, что умный ребенок и сам найдет свой путь, поэтому ему не требуется никакого воспитания, мы не должны отчаиваться и думать: «Этот ребенок ни к чему не способен; ему никакое воспитание не поможет». Ведь все еврейские дети, мальчики и девочки, – Божьи дети, и наш священный долг – добиться того, чтобы все они могли жить в соответствии с этим определением. Этого можно достичь только посредством подобающего еврейского воспитания, в полном соответствии с Божественной Торой. Тогда все мы удостоимся осуществления величайшей мечты: «В следующем году мы будем свободны, в следующем году мы удостоимся оказаться в Иерусалиме!»

Рабби Менахем-Мендл Шнеерсон